Knowledge BASE 系列

一冊通曉 從萬物起源至人生課題的全攻略

[圖解] 蘇格拉底、柏拉圖、亞里斯多德

更新版

彭文林 審訂
前國立政治大學哲學系教授

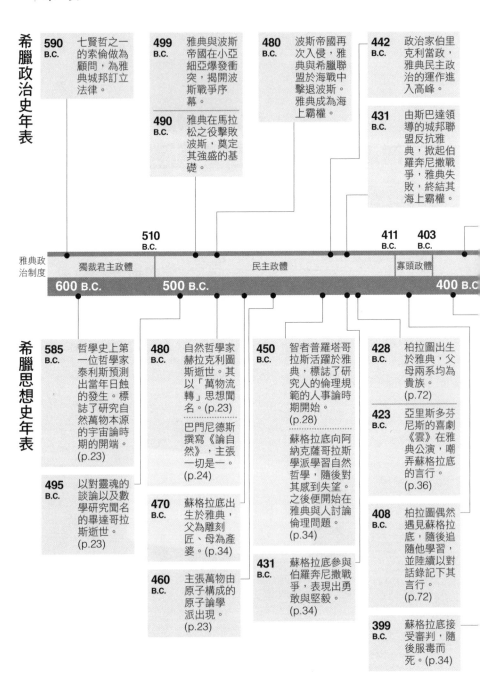

希臘政治史年表

590 B.C.	七賢哲之一的索倫做為顧問，為雅典城邦訂立法律。
499 B.C.	雅典與波斯帝國在小亞細亞爆發衝突，揭開波斯戰爭序幕。
490 B.C.	雅典在馬拉松之役擊敗波斯，奠定其強盛的基礎。
480 B.C.	波斯帝國再次入侵，雅典與希臘聯盟於海戰中擊退波斯。雅典成為海上霸權。
442 B.C.	政治家伯里克利當政，雅典民主政治的運作進入高峰。
431 B.C.	由斯巴達領導的城邦聯盟反抗雅典，掀起伯羅奔尼撒戰爭，雅典失敗，終結其海上霸權。

雅典政治制度

| 510 B.C. | | 411 B.C. | 403 B.C. |
| 獨裁君主政體 | 民主政體 | 寡頭政體 |

600 B.C. 　 500 B.C. 　 400 B.C.

希臘思想史年表

585 B.C.	哲學史上第一位哲學家泰利斯預測出當年日蝕的發生。標誌了研究自然萬物本源的宇宙論時期的開端。(p.23)
495 B.C.	以對靈魂的談論以及數學研究聞名的畢達哥拉斯逝世。(p.23)
480 B.C.	自然哲學家赫拉克利圖斯逝世。其以「萬物流轉」思想聞名。(p.23)　　巴門尼德斯撰寫《論自然》，主張一切是一。(p.24)
470 B.C.	蘇格拉底出生於雅典，父為雕刻匠、母為產婆。(p.34)
460 B.C.	主張萬物由原子構成的原子論學派出現。(p.23)
450 B.C.	智者普羅塔哥拉斯活躍於雅典，標誌了研究人的倫理規範的人事論時期開始。(p.28)　　蘇格拉底向阿納克薩哥拉斯學派學習自然哲學，隨後對其感到失望。之後便開始在雅典與人討論倫理問題。(p.34)
431 B.C.	蘇格拉底參與伯羅奔尼撒戰爭，表現出勇敢與堅毅。(p.34)
428 B.C.	柏拉圖出生於雅典，父母兩系均為貴族。(p.72)
423 B.C.	亞里斯多芬尼斯的喜劇《雲》在雅典公演，嘲弄蘇格拉底的言行。(p.36)
408 B.C.	柏拉圖偶然遇見蘇格拉底，隨後追隨他學習，並陸續以對話錄記下其言行。(p.72)
399 B.C.	蘇格拉底接受審判，隨後服毒而死。(p.34)

395 B.C. 雅典城邦聯盟與斯巴達聯盟之間爆發哥林斯戰爭。

338 B.C. 馬其頓在凱若尼亞之役擊敗希臘城邦聯盟，希臘諸城邦失去其獨立自主的地位而臣服於馬其頓的霸權。

336 B.C. 馬其頓國王腓力二世逝世，由其子亞歷山大繼位。

333 B.C. 亞歷山大東征，於伊索斯大敗波斯帝國。

330 B.C. 亞歷山大占領波斯帝國，勢力及於阿富汗與印度。

323 B.C. 亞歷山大大帝驟逝於巴比倫。

民主政體

300 B.C.

388 B.C. 柏拉圖至南義大利拜訪畢達哥拉斯學派，奠定數理對象在其學說中的重要地位。(p.72)

柏拉圖至敘拉古教導國王實現其政治理想，最終失敗而幾乎淪為奴隸。(p.72)

387 B.C. 柏拉圖回到雅典建立其學院。之後其哲學逐漸超越蘇格拉底影響，奠定出「相」的學說與體系。(p.72)

384 B.C. 亞里斯多德出生於史塔奇拉，父親為馬其頓國王的御醫。(p.118)

367 B.C. 亞里斯多德至雅典，進入柏拉圖學院學習。(p.118)

366 B.C. 柏拉圖第二次造訪敘拉古，對國王勸說其政治理想，最後仍無結果。(p.72)

348 B.C. 柏拉圖逝世於雅典。(p.118)

亞里斯多德離開雅典至阿索司講學。其後講學筆記陸續被編纂為論理學、自然學、神學、政治學等體系龐大的著作。(p.118、122)

343 B.C. 亞里斯多德受馬其頓國王腓力二世之邀擔任王子的教師，亦即日後的亞歷山大大帝。亞歷山大為其搜尋動植物材料，促成自然學研究。(p.118)

335 B.C. 亞里斯多德回到雅典，創辦自己的學院。(p.118)

323 B.C. 雅典掀起反馬其頓風潮，波及亞里斯多德，他因而離開雅典到卡基斯。(p.118)

322 B.C. 亞里斯多德逝世於卡基斯。(p.118)

讀希臘哲學，學做一個聰明人

文◎彭文林（前國立政治大學哲學系教授）

從喜愛中國傳統思想到偶然接觸希臘哲學

近代歐洲，自文藝復興以來，古代希臘的研究在各種研究領域上，扮演著開風氣之先的角色。無論是文學、藝術或其他的人文領域，乃至於近代的自然科學的發展，無不受到古代希臘人的文化遺產所影響。近兩百年來，由於面臨歐洲各國在政治與文化上的強勢，漢語世界裡的學術研究最先出自於救亡圖存的動機而急欲自立，後則受制於追逐當前西方流行的文化、思想與哲學，因而往往不能從文化、思想和哲學的源頭，深究其理。

我在二十歲以前，喜好閱讀中國傳統的著作，對於歐洲人的文化、思想和哲學幾乎採取一種鄙視的態度。在我進入台大哲學系就讀之後，所受的訓練必須兼治中西印三方面的哲學思想，就個人研究興趣而言，我除了獨斷地認定傳統中國思想的價值之外，並無太大的偏好。當時國內有一種文化上的理想，希望能夠與歐洲人的文化和哲學進行對抗，從而出現諸如中體西用、西體中用、或者融合中西的論調，我並不相信這些流行的見解；由於台大的訓練提供了接觸歐洲人文化與思想的機會，我慢慢轉向，嘗試直接去了解歐洲文化、思想與哲學中的若干談論，而不再只停留在所謂「中國哲學」的研究領域裡。

我之所以選擇古代希臘哲學做為研究對象，或許只是一種偶然，但是也並非無跡可尋。由於對學習語言的興趣和一個特殊研究取向的確定，即相較於對印度人的文化、思想與哲學的理解，我們這個世界對於希臘人的理解要少得多，讓我轉向到相對較冷僻的希臘哲學的研究上。此外，還有一個決定性的因素左右著我去念希臘哲學：我閱讀了希臘哲學研究者陳康先生的《柏拉圖巴曼尼得斯篇譯註》，這本書的深邃難懂和陳康先生的精密分析吸引著我，讓我不得不以研究希臘哲學做為目標。

希臘哲學的特點

從希臘哲學中可以看出歐洲人有一個基本的想法：人是一種不能真正擁有知識的存有物，在這個意義下，他們的立足點和中國人截然不同。因為中國人的傳統是假設人有能力知道這個世界原來的面貌，知道天、地、人以及

所有事情。但是古希臘人或歐洲人的特點是假設人無法了解一切事物的真正樣貌，而宣稱這個民族的宿命就是無法對世界有真正的了解；對他們而言，所謂聰明人的意義在於承認自己的宿命就是無法擁有知識而去追求知識，哲學就是在這個意義下誕生的。從這一點看出歐洲人的科學和文明是如何從這個基礎上誕生，則是我認為學習希臘哲學最重要的意義所在。

　　如果從現代人的角度去看古希臘人對知識的回答，會覺得很幼稚，因為當今我們所處的是一個知識爆炸的時代，對事物的描述是很仔細的，相形之下，就會覺得古代人對事物的描述很粗疏。但是重點在於，我們應該看的是希臘人怎麼去回答一個問題。事實上，大部分的現代人都以想當然爾的態度看待所有事物，這是看不出其中隱藏的問題的，然而希臘人卻會做出不一樣的發問。例如問「樹」是什麼東西做的，我們往往描述它是由種子發芽而長成的，但這是對自然流程的描述，並不是從根源做出解釋。現代的科學與知識總是從「流程」上去了解萬物。但是希臘人卻會問「樹的根本是什麼？」，回答則可能是「樹是水做的」、或「樹是土做的」。他們基本的意義是在找尋這個世界背後的真相是什麼，然而這樣的答案在現代人眼裡看來或許會覺得可笑，因為現代人解釋事情的方式是在時間的流程中挑選出一些片段，去解釋這些片段彼此之間的連續關係。相較之下，希臘人所問的問題是比較根本的：他們去追問這些流程、現象的背後，真相究竟是什麼；或是用一種抽象思考上的理解，去說明某個種類的事物究竟「是什麼」。

讀希臘哲學培養邏輯能力

　　因此，閱讀希臘哲學，可以逐漸地培養出如希臘人般運用邏輯的能力。古希臘人談的「邏輯」是指，所有對於知識的討論必須要設定一個恰當的計算方式，不是證明兩個談論彼此對立、便是去證明兩者是彼此統一的，這兩種路向就是希臘人所籌造出來的邏輯。比方說，一張桌上有兩個杯子，就杯子自身而言，它們各自占有不同的位置而彼此是對立的；然而如果進一步擴大，將它們都視為位在同一個桌子上的東西，它們的對立性就被一個更大的視野統合而解消了。人們可以學習希臘人的方式，從思想上來理解某件事

物，即使從一個可笑的答案出發也無妨。但要留意，在計算和思考的過程中，所提出的答案和所要解釋的對象必須保持一致，不能自相矛盾，也就是要將一個答案所遭遇到的種種矛盾、對立，收攝在一個涵蓋性更廣大的解釋之下。藉著這種思考方式，可以由一個幼稚的出發點開始，隨著矛盾、對立的出現，再到將其統一在更高的可能性上，藉此可以慢慢地發現希臘人的某些主張的思維過程。

希臘哲學的學習方法

在希臘哲學裡，許多奇怪的哲學問題交織地出現於不同的古代哲學家的著作中，閱讀時令人感嘆其心思工巧、推論精細。由於蘇格拉底以前的古代希臘人著作多已散佚，自西元十九世紀中葉以後，蘇格拉底以前的哲學家的思想逐步透過歷代的文獻記載，才陸續蒐羅成為斷簡集，這些斷簡集本身很難呈現出完整的哲學論述；然而，同一個斷簡通過不同哲學家的詮釋之後，其哲學思想的內容也往往南轅北轍。因此，研究它們並非易事。要理解古代希臘哲學，首推柏拉圖的對話錄，其次是亞里斯多德的著作。由於蘇格拉底並沒有任何作品傳世，後人往往很難知道蘇格拉底真正的想法。然而蘇格拉底、柏拉圖和亞里斯多德師徒相傳，從倫理問題的追問，逐步發展出各種學科的知識研究。蘇格拉底的思想可由後人的記載中得知。

要閱讀、理解希臘哲學文獻，我引用陳康先生的一個說法：人要先學笨，才能夠有步驟地在思想上學習。這個笨拙的方式就是先慢慢地從一字一句開始了解，再逐步地去了解一個段落的主張和想法，然後再去看整個段落的論證過程、以及論證是否合理，這即是「客觀的閱讀」，也是現在一般讀者所缺乏的方法。很多人閱讀書籍是為了「尋求知己」，他所要看的並不是書裡真正要表達的意思，而是這本書能「啟發」他什麼，書中哪些內容對他是「有用」的；但如此一來，這本書就變得沒有用了，因為他只看到自己之所見，卻認為這是作者的看法，使得很多書裡的談論都失真了。讀希臘哲學所看的是聰明人所寫的著作，我們應該學習的是他們的聰明，而不是從聰明人的話語中找出和自己相同的看法，藉以尋求認同感；這樣並不是去了解作

者在想什麼，而只是了解自己在想什麼或喜好是什麼，如此反倒把聰明人變成愚昧的人了。

本書的內容與特色

初讀本書時，所得到的第一個印象是，作者用非常言簡意賅的方式，談論了到亞里斯多德為止的古希臘哲學史，並且將整個焦點放在蘇格拉底、柏拉圖和亞里斯多德這三個哲學家。

整體看來，這本書相當簡要而如實地提供初學者一個古代希臘哲學的概要，而且有部分談論是出於柏拉圖和亞里斯多德自身的著作——這是相當不容易的工作。此外，為了讓讀者能夠更清晰地了解各種談論的意義，作者隨著行文提供了一系列的希臘哲學術語的意義解釋，對於讀者在理解上有很大的幫助，這也是本書很重要的優點。

此外，圖解表現也是本書一個重要的特色。圖解可以讓人對書的內容有一個概觀性的掌握，圖解所做的分類、階段與流程是概觀的，讀者可以藉此很快地了解本書的內容架構。不過，要提醒讀者的是，雖然圖像的思考對於理解經驗中的事物有幫助，但卻無法取代思辨能力的培養，讀者必須仔細思考，才能分辨各種談論在思想上的關係、發展、及其特殊性。在藉助圖解來掌握書中內容之外，不應忽視掌握思考上的次序的重要性，如此才能逐步深入哲學家們的主張與想法。

彭文林

目錄 CONTENTS

Chapter **1**

哲學的原鄉：希臘

Chapter **2**

蘇格拉底之死：哲學精神的典範

Chapter 3

普遍道德的追尋：蘇格拉底與智者的爭鋒

Chapter 4

柏拉圖①：寧靜的真理之光

目錄 CONTENTS

Chapter 7

亞里斯多德②：森羅萬象的世界

Chapter 8

亞里斯多德③：幸福卓越的人生

Chapter 1

哲學的原鄉：古希臘

如果說枝繁葉茂的西方哲學的根源是古希臘的三位哲學家：蘇格拉底、柏拉圖與亞里斯多德，那麼孕育三哲的土壤，就是在其之前哲學家們所嘗試解答的原始提問：「一切事物的原因是什麼？」想了解希臘三哲，就要以蘇格拉底之前的自然學家與智者的思想為起點，才能掌握三哲在西方哲學研究上承先啟後的重要地位。

- 哲學是愛智之學，為何而愛？愛的對象是什麼？

- 為什麼哲學和人息息相關？

- 古希臘哲學最深層的特徵是什麼？和宗教信仰有何關聯？

- 古希臘哲學如何分科？各自探究什麼主題？

- 自然學家們如何討論宇宙的起源以及靈魂的意義？

- 智者們為何興起？他們的主張特色為何？

- 柏拉圖與亞里斯多德如何承先啟後？

哲學是什麼

一般人對哲學總是感到十分陌生、不知所指，卻又經常任意地使用它，例如：「經營哲學」、「愛情哲學」等等，可見「哲學」受到極深的誤解。但若是進一步深究，便會發現「哲學的意義」本身就是一個被持續探究數千年的哲學問題。為了避免誤解，應該回顧哲學的歷史，從源頭處去挖掘以掌握其內容。

「愛智」：為何愛？愛什麼？

「哲學」一詞是翻譯自古希臘文「philosophia」，它字面上的意思是「友愛（philos）」和「智慧（sophia）」，在古希臘時期長久以來被視為一般名詞使用。但是為什麼要愛智慧？要愛什麼樣的智慧呢？直到大約公元前六世紀，畢達哥拉斯受到當時的神祕宗教影響，開始專注於靈魂與肉體的修養，才賦予「愛智」特別的意涵：由於宇宙具有永恆不變的秩序，而人卻是生命短暫，人的靈魂受到身體的束縛，雜染了各種由身體而來的口腹之欲、物欲、情欲等欲望而不能獲得和諧與安寧，因此，人渴望一種真正的智慧，使得靈魂能夠超脫欲望的擾亂，進而與宇宙的永恆秩序取得和諧。這種能夠使靈魂和諧的真理，即是「愛智」所追求的對象。這便是「哲學」一詞最初的特定意涵：之所以渴求智慧、愛智慧，是由於人們意識到自身的有限與不完美而從心靈裡產生不安，因此升起一種對完美的熱切渴望，而去追求那完美、永恆的真理。

柏拉圖與亞里斯多德談「愛智」

公元前四世紀以後，柏拉圖與亞里斯多德為「愛智」一詞帶來了更多的意涵。柏拉圖區別了「愛智」與「智慧」，認為神才擁有真正的智慧，人只能「愛智」也就是渴慕智慧、但卻不能擁有智慧。人的獨特性在於既具有肉體而帶有動物性，但又具靈魂的理智能力而分享了神性，因此介於被欲望蒙蔽的無知與擁有智慧之間，而永遠只能處於熱愛與追求智慧的過程中。亞里斯多德則指出哲學起自於驚嘆，人們驚嘆於自然界的森羅萬象，同時也訝異於自己對它們是如此地無知，因此展開不帶有任何其他目的的好奇探問；而不具功利性地求取智慧實現了靈魂中最高貴的理智部分，對人而言即是最美好的。不論從人的有限性或可能性去解釋為何人們愛智，這兩位哲學家都認為「愛智」是人類所獨具的不斷探問真理的活動，這成為從希臘時代至今西方哲學共有的特徵。

哲學是什麼？

> 哲學即為
> 愛智之學

philosophia = philos + sophia
哲學　　　 愛　 　智慧

為何愛　　　　愛什麼

畢達哥拉斯

畢達哥拉斯
（約 580～495B.C.）

人生苦短，且因肉體產生的所有欲望而感到煩憂，希望藉由知曉真理而得到心靈的安寧。

渴望 →

真理智慧
＋
完美和諧
的靈魂

柏拉圖

柏拉圖
（約 428～348B.C.）

人介於蒙昧的動物與擁有智慧的神之間；非若動物般無知，又有異於神的全知，希望藉由修養靈魂而達到神的境界。

追求 →

只屬於神
的智慧、
美、善

亞里斯多德

亞里斯多德
（約 384～322B.C.）

人面對萬物流轉、時序變化，驚嘆於自己的無知而啟發靈魂中寶貴的理性能力，進而不帶功利性地探究真理。

探尋 →

一切事物的
最終原因，
即智慧

希臘哲學的目標：成為理想的人

由孩子們追問：「世界是什麼？」「人從哪裡來？」「宇宙有沒有盡頭？」可得知人們擁有好奇求知的天賦，而哲學家們認為唯有透過這種天賦開放地探尋潛藏在萬事萬物中不變的真理，才能凸顯出人之所以為人的獨特性，而人想窮究表象後原理與本質的求知欲就是哲學的源頭。

哲學源於與生俱來的好奇心

人是一種很特別的生物：可以脫離渾渾噩噩的動物本能、不只是專注於飲食男女的身體欲望滿足，而能將焦點放在探究純粹屬於智性的事物。亞里斯多德認為，人天生就具有好奇心，能不為任何目的而只是單純地想知道問題的答案，這正是所有哲學探究的開端。而哲學剛開始成為一門學問的古希臘時期，就是哲學的孩提時期，哲學像孩子那樣單純好奇地發問，不知道隨後會找出什麼答案，只是處於不斷追求真理的路途上，並且樂在其中。也唯有透過這般哲學的追問，人們才能顯現出不同於動物的理性能力，通往更高的理智成就。

認知活動的不同層次

然而，所謂「更高的理智成就」是指什麼呢？一般人在生活中，擁有許多種認識事物的方式，亞里斯多德將其依層次區別為：①人首先擁有感官知覺，可以對外界有所感知；②進一步擁有記憶力，能記取先前的知覺；③被保留在記憶中的知覺，形成經驗；④通過經驗，可以形成各種技藝，例如醫術；⑤進而了解技藝之所以如此的原因、原理，然後形成理論知識。前三項認知能力是人與某些動物所共有，而後兩項則是人所獨具的。理論知識優於技藝的原因是即使一個人會技藝，若只知其然而不知其所以然，仍是不完全的認知。人異於動物而能通往「更高的理智成就」的關鍵便是能窮究事物本源以獲取理論知識。

什麼才是「理想的人」

蘇格拉底、柏拉圖和亞里斯多德為人類精神文明帶來重大成就，他們的言行、思想傳達出古希臘精神文明的顛峰時期對人的理想是：照護靈魂的理性部分而在哲學活動中追求最高的成就；而非僅只是關切肉體的需要而一心博取現實的利益。這個理想可以在擬人化的諸神雕像中窺見：希臘雕像以人的形貌將如神般完美、均衡的比例在人世間實現出來，象徵了人透過完美、均衡的理智來雕飾自己，相信自己

身上可以分享神性，於塵世過著宛如神一般的理想幸福生活。古希臘人竭力於靈魂的教養即是為了成為理想的人，而這正是兩千多年來人類探求智慧而驅動文明躍升的開端。

為什麼人會研究哲學？

人有與生俱來的求知欲與好奇心

森羅萬象、不時變化的外界事物

為什麼會下雨？

人從哪裡來？

這是什麼？

探尋本源 ▶

引出 ⬇

哲學問題

- 什麼是世界的起源？
- 萬物有沒有秩序？
- 人的感覺是不是真實的？
- 什麼是真理？
- 什麼是善？

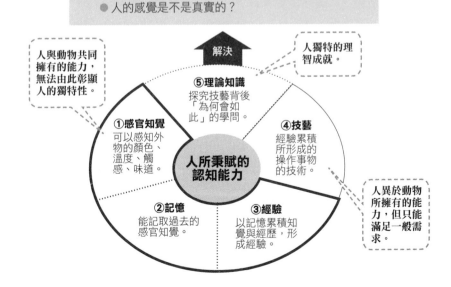

解決 ⬆

人與動物共同擁有的能力，無法由此彰顯人的獨特性。

人獨特的理智成就。

⑤理論知識
探究技藝背後「為何會如此」的學問。

①感官知覺
可以感知外物的顏色、溫度、觸感、味道。

④技藝
經驗累積所形成的操作事物的技術。

人所秉賦的認知能力

②記憶
能記取過去的感官知覺。

③經驗
以記憶累積知覺與經歷，形成經驗。

人異於動物所擁有的能力，但只能滿足一般需求。

希臘人的信仰與理性教養

對古希臘人而言，「光」有一種極為特殊的文化意涵；在一團渾沌的宇宙中，唯有光才能劃破黑暗，帶來理性的秩序，使世界的律則得以被人們所理解和遵循，因此，光便是希臘哲學的象徵，而光的源頭——日神阿波羅則是希臘人最崇拜的神祇。

「光」與古希臘人

「光」在古希臘象徵著理性、秩序、和諧、均衡，是一切真理與美善的象徵。承載著光的介質，即是被稱為第五元素的「以太」，希臘人認為以太有別於地、水、火、氣四大元素，而只存在於發光的天體。古希臘所信仰的神祇都是天體神，亦即每個天體都是一位神；由於人間處於天體諸神的光照之下，因而能籠罩在神靈所顯現的理性秩序中。希臘文中，人們所獨具的理論知識稱為「theoria」，其字源「theo」是「看」的意思，也就是說，要有源自於天體的自然光照，肉眼才能看見萬物；同樣地，要有源自於神靈的理性光照，靈魂才能穿透一切昏暗的表象，看見萬物的本質。

日神與理性

希臘人將自然界中一切光的來源歸於太陽；同樣地，一切理性光照的來源，也被歸於日神阿波羅。代表理性的日神極致光耀只存在天上，人間無法獲得完全的光照、只能保有從上天所分享的極貧乏餘光；因此人不能像天神般知曉萬物的真理，只能憑藉著所分有的微薄、不完全的理性，永遠處於神般全知與動物般無知的矛盾中。希臘人認為只有藉由開展靈魂的教養，才能更接近日神的理性之光。

在希臘人的日神世界觀裡，人間充滿著缺陷，唯有在夢中才能接觸到日神充滿光輝之美的王國，在那裡一切都有節制、均衡而有序；然而，當人們從夢境理想中醒來，面對充滿缺陷的現實時，將感受到不協調、如罹患疾病般的痛苦。於是，古希臘人一方面在美夢中分享神性而獲得痊癒的力量，另一方面在現實中又為己身的不完美而備感痛苦，因此只能永遠處在對日神國度的渴望中。也由於自知人類的有限，深刻體驗到光輝理想中潛藏著幽沈落寞的兩難處境，希臘人才能開啟哲學研究之先，發揚人所獨有的「愛智」精神。

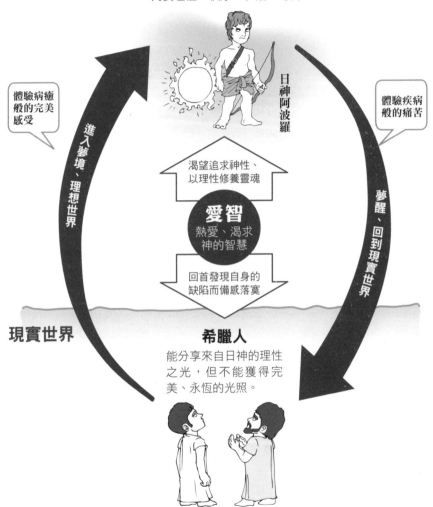

日神的光照與哲學的精神

理想世界

日神的理性之光
代表理性、秩序、和諧、均衡

日神阿波羅

體驗病癒般的完美感受

進入夢境、理想世界

渴望追求神性、以理性修養靈魂

愛智
熱愛、渴求神的智慧

回首發現自身的缺陷而備感落寞

體驗疾病般的痛苦

夢醒、回到現實世界

現實世界

希臘人
能分享來自日神的理性之光，但不能獲得完美、永恆的光照。

比例完美的希臘造型藝術
十九世紀末的古典希臘學者尼采認為，透過希臘的雕塑、建築等完全由理性計算、比例固定且完美無瑕的造型藝術中，可以得見希臘人對於理性的嚮往。

19

古老的驚嘆：希臘哲學的課題

希臘哲學以永恆的天體運行秩序為典範，將其投射至人間，使萬物都安置於可理解的秩序中。由此誕生了哲學的分科：研究萬物運動律則的自然學、研究人類行為規範的倫理學、以及研究語言使用規範的論理學。

永恆天體下的沉思

希臘的民生富庶，生計不虞匱乏的人們在閒暇之時漫步於戶外，發現事物紛然雜陳，運動變化永無休止；在無以理解森羅萬象時，抬頭望向天際，卻赫然發現那些天體正以不變的週期運行著。他們驚嘆於有些事物似乎永遠瞬息萬變，有些事物卻似乎亙古不移，然而背後的原因究竟為何，卻是一無所知。這正是古希臘人所遭遇的第一個哲學問題：「在所有變化中存在的不變原理是什麼？在所有紛然雜陳的事物中，是否共同擁有某些普遍的原因？」於是，他們一方面要解釋自然界中事物移異轉變的理由，一方面也以永恆運轉的日月星辰為典範，認為人間的秩序正是模仿天體運行而來，只是模仿得並不完美。

自然學：對被生成之事物的研究

希臘哲學首先面臨的課題是「自然學」，也就是去探究自然現象中所有運動變化的事物背後不變的原因、原理是什麼。自然學翻譯自「physica」，字源是「physis」，

亦即「生成的活動」。事物會生成、老朽以及毀壞，然而，促使其變化、消長的原因和法則要如何找到呢？如果人們只透過感官知覺掌握外在具象的事物，那麼就只能知覺到許許多多的外在形象不斷地流轉，因此，感官的世界總是凌亂不堪、毫無秩序可言；人唯有透過理智的運作，才能從紛亂中整理出秩序來。比方說，眼睛所見的許多不同性質事物，縱然表現出許多互有差異的內容，但它們似乎具備某種相同的原理，例如原子論學派主張事物皆由不可分割的基本物質——「原子」所構成，事物所顯現的差異來自於原子的排列和形狀的不同使然。用「原子」的原理來解釋萬物，便不是根據感官所見，而是運用理智思考所得，因為原子並不是眼睛所能看見的。同樣地，唯有當理智能力被使用時，才能從具象的自然界運行中發現抽象的秩序。由此可知，自然學並非只依靠經驗觀察來研究，更需要理智的運作。用古希臘人的話來說就是：不要用肉

眼去看，而要用靈魂之眼去看。

倫理學：對傳統習俗的研究

倫理學是由「ethica」翻譯而來，它的字源為「ethos」，是「傳統習俗」的意思。在自然學的研究之外，人們也將眼光從外界轉回到自己身上，思索著對人而言，是否也存在著某些永恆不變的法則？人的行為處事規範是什麼？在哲學誕生之前的人們所遵守的是由信仰與神話衍生的傳統習俗規範，這些傳統習俗擁有指導人們行為處事的權威地位。然而，隨著哲學家獨立地運用理性來思考，傳統習俗也就受到了挑戰。許多哲學家根據自己的主張推演出有別於傳統習俗的行為規範，更有哲學家尖銳地諷刺傳統神話的信仰，如公元前六世紀的格言詩哲人色諾芬尼嘲笑那些將神擬人化的神話，指出如果牛和馬也會造神，那麼牠們造的神豈不就是牛和馬的樣貌？而著名的「誨澀哲學家」赫拉克利圖斯更輕視傳統習俗，直指它們正是造成人的墮落的主因。無論如何，當哲學的理性能力在古希臘出現之後，傳統規範已經不再是那麼理所當然的了。

論理學：對論說技術的研究

論理學（或譯為「邏輯」）的出現，是哲學史上非常重大的轉折。論理學是翻譯自「logica」，其字源為「logos」，意指說話、論說。在哲學誕生以前，人們對世界已有一套根據神話所做的解釋，例如：萬物因海神與大地女神的結合而產生。但哲學家所憑藉的是人的理性能力，依靠一套合理、正確的論說方式來辨析事物，而非憑藉神話故事情節。其中，亞里斯多德將論說規範整理成一套系統，亦即論理學。論理學的重要定律包括了矛盾律（「不能說某物同時既是A又不是A」）、遞衍律（「若A是B，B是C，則A是C」）等。當論理學被建立之後，哲學思考就必須遵守這些論說的規範。古希臘時代至今的兩千多年以來，論理學都是西方哲學研究的主要工具。

哲學的三大分科

天體永恆運行的秩序

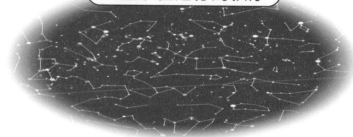

投射　模仿

地上世界的秩序

自然萬物運動變化的秩序	人事行為規範的秩序	言語論證時應遵守的秩序

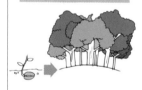

應該這樣做！　應該那樣！

產生　　產生　　產生

1 自然學
physica

2 倫理學
ethica

3 論理學
logica

人依據理性來找出萬物變化的原因或原則，而非僅憑感官經驗。

不再將傳統習俗視為絕對的權威，而是檢視其是否適宜做為人的行為規範。

不根據修辭潤飾來判斷言語的正確性，而根據有系統的論證方法來推論。

與傳統的
神話信仰衝突

與傳統的權威衝突

與傳統神話、寓言的
敘事方式衝突

宇宙論時期①：自然學家的拓荒史

在公元前五世紀前半葉以前，哲學發展屬於第一階段的宇宙論時期，此時的研究主題多為探究萬物生成本源的自然學。哲學家的主張可區分為主張宇宙起源於單一本源或多種本源、否定有不變本源、以及否定一切運動變化等各種學派。

主張萬物起源於單一本源

在柏拉圖以前的哲學發展，一般被區分為以探究自然學為主的宇宙論時期，以及隨後以倫理學為主的人事論時期。宇宙論時期的自然學家們對於自然界所有運動變化事物的原因有不同的見解：有一類的自然家認為它們起源於單一本源。著名的說法有：泰利斯由於看到生命都由潮濕中誕生，因此主張一切事物都因為「水」而產生；阿納克西美尼則主張是「氣」，因為氣可以藉由凝聚和稀釋而轉化成其他事物；德謨克利圖斯等原子論者則認為萬物由「原子」形成，無數多本質相同的原子透過形狀、結構上不同的安排，而產生萬物。然而，主張單一原因的自然學家都面臨了共同問題：既然萬物各不相同，那麼如何說明它們都是起始於同一個本源呢？例如，若一切都由「水」而來，那麼是否火也是從水而產生的？但是火和水卻是不相容的事物，火是起源於水的矛盾之處便難以解釋了。

主張宇宙起源於多種及無限多本源

面對用單一本源來解釋萬物的困難，有一些自然學家選擇設立一種以上的本源來解釋萬物。例如恩培多克利斯主張萬物的本源是四大元素：地、水、火、氣，所有事物都透過四大元素以不同的成分混合而成；以人本身為例，人的視力與體溫來自於火、肉是由地所組成的、血液來自於水、呼吸則來自於氣，也有某些部分是混合數種元素而成的，如骨頭是由火和地所混成。此外，阿納克薩哥拉斯則主張有無限多種本源，由於世界有無限多種事物，其生成本源就有無限多種，由互相混合而組成某種事物，其中所占比例最大的成分便會賦予事物的外形，例如：當成分以水的粒子居多時，便顯現為水，若此時水粒子散失，使得氣粒子相對居多時，原先的水就蒸發為氣了。

兩種另類的主張

除了上述自然學家之外，還有兩種十分特出的主張。首先是赫拉克利圖斯，他主張萬物流轉、片刻

不息，如同將腳踏入河流中，所觸碰到的都是不同的水一樣。在萬物流轉中，沒有任何固定不變的事物可做為萬物的本源；相反地，世上萬物都是由對立、相反的事物所組成，而處於暫時互相平衡的緊張狀態，一旦平衡解消了，事物也就毀壞了。

另外，與主張無物不處於變動中的赫拉克利圖斯相反，伊利亞學派的巴門尼德斯主張事物皆不生、不滅、不動，感官所經驗的運動變化都是虛假的。巴門尼德斯曾提出著名的「有」與「無」、「一」與「多」的談論：所有存在、可以認識或設想的事物都是「有」，那麼與「有」相異的就是「無」，但「無」是不能思想、認識的，也就沒有存在的可能，因此便得出只能有「有」、不能有「無」；進一步地，既然與「有」相異的「無」不存在，也就沒有任何事物可以將「有」分割，因此，「有」必然是完整的「一」，而非各種各樣的「多」。如此，感官經驗中眾多紛雜變動的現象既是「多」且彼此具有差異，也就不能是「一」、不能是「有」，因此運動變化就是虛假

的。事實上，伊利亞學派可說是全然否定了自然學，並不認為自然學的研究對象是真正存在的，一切自然中的運動變化只是假象，他們也被稱做「非自然學家」。

著重理性論證的古代自然學

從現代回顧早期希臘的自然學，也許會認為：那只是一些十分不成熟的學說，當代的自然科學顯然已經證明了希臘自然學家的觀點並不正確，因此沒有太多研究價值。但應注意的是，人們不應依據現在的科學準則來判斷一項主張的錯誤與否，古代的自然研究與當代自然科學的特徵是很不相同的，古人並不是解釋實驗儀器運作的結果，而是直接對自然的各種現象依據理性思考加以解釋。這種解釋所依循的是嚴格、精確的理性規範，而非任意論斷或臆測想像。這種不藉助儀器所做的理性研究，縱然在實證的效果上遠不如當代自然科學，但在理性論證的精細度上則絲毫不遜色。正因古希臘的自然學家們在人類理性思考上的創見為其後哲學家的思考奠下基礎，燦爛的希臘理性文明才因之孕生。

什麼是萬物的「本源（arche）」？
宇宙論時期的自然學家所說的萬物本源（或始基、原因）指的是萬物都是源於它而產生、且當萬物毀滅之後又會回復為它的那樣東西。例如德謨克利圖斯主張萬物是由不可再分割的最小原子所組成，當萬物毀滅或分解後又會變回原子。

自然學家對萬物起源的解釋

以單一本源解釋

泰利斯
萬物的本源是水

阿納克西美尼
萬物由氣的聚散所轉化而成

原子論者
萬物由原子即不能分割的最小粒子所組成

以多種或無限多本源解

恩裴多克利斯
事物由地、水、火、氣四大元素混合而成。

地

水

火　　氣

阿納克薩哥拉斯
無限多種事物由無限多種粒子混合而成。

水粒子
＋
土粒子
＋
肉粒子
＋
金屬粒子

＝

單一源因

組合混合各因

紛亂雜陳的各種事物不斷流轉、變化

木生火

水生煙

植物生長繁衍

無固定原因

不定自然學

沒有固定組成原因

赫拉克利圖斯
萬物永遠處於流變之中，並沒有任何不變的事物可做為萬物的本源。眼中所見的景象只是暫時的平衡狀態，即刻便會消逝。

伸足入水，已非前水

萬物流轉只是假象

伊利亞學派
從「有」與「無」、「一」與「多」的論證推論出感官經驗的一切變化都是假象。

| 萬物＝「有」 | ➡ | 「有」的對立是「無」 | ➡ | 「無」不能被思想、認識，因此不存在 |

| 「有」必然是完整的，也就是「一」而非「多」 | ⬅ | 與有相異的「無」不存在，因此也沒有能將「有」分割的事物 | ⬅ | 一切只能是「有」、不能是「無」 |

| 運動變化是「多」而非「一」 | ➡ | 運動變化不是等於「一」的「有」 | ➡ | 運動變化是假象 |

宇宙論時期②：靈魂論的深邃思考

除了自然界的萬物之外，古希臘哲人也研究靈魂。因為生物之所以擁有生命現象，乃是因為靈魂的緣故。生命現象的發生對希臘人而言是十分具有吸引力的謎團，因而靈魂便成為哲學家們殫精竭慮的課題。

生命的原理：靈魂

在談論萬物運動變化的原因之外，自然學家亦研究做為生命原理的靈魂。其中最為特出者，當屬畢達哥拉斯與隨後的畢氏學派。畢達哥拉斯是哲學史上謎樣的人物，據說他將靈魂學說從埃及引入希臘，並且透過祕密宗教結社來教導。這些密傳學說都不曾公諸於世，為後人所知的是其主張靈魂不朽且會藉由輪迴轉世。畢氏學派主張一切事物都包含著數字，宇宙的秩序由數字間的和諧比例所構成，例如：數字一代表點，二代表線，三代表面，四代表體，而十則是最完滿的數，萬物的本質可以由數的計算來探求。靈魂原本也如數字般呈現和諧的比例關係，但由於投胎轉世而被監禁於身體中，受到肉身欲望的干擾而不再和諧；然而，透過音樂和數學上的教養，能夠使靈魂與宇宙秩序的和諧重新合為一，擺脫身體這個墳墓。後世所熟知的幾何學的畢氏定理，正是畢達哥拉斯以靈魂的教養為前提所發現的數學定律之一。

靈魂是理智的根源

在宇宙論時期，關於靈魂的談論除了畢氏學派提出以音樂、數學陶冶靈魂的實際教養外，靈魂也被哲學家們視為認知的原理，因為人擁有靈魂，才進而有認知能力。靈魂的認知能力包括感官、知覺，但更重要的是理性能力。要從紛雜萬象中發現萬物皆處於某種秩序中，而非一團亂象，正是透過靈魂的理性能力來發現。因此，古希臘人除了將萬物視為由物質元素所組成之外，也鑑於萬物中含藏著某些可被理解的秩序，因而認為萬物的組成也包含著靈魂的因素，所以才能被人的靈魂認知、結合，進而有規律地發展、變化。

什麼是「靈魂（psyche）」？

希臘文「psyche」一般翻譯成「靈魂」或「心靈」，而非鬼魂或甚至「靈體」。希臘人所說的「psyche」是指構成生命活動的原理或機能。英文的「psychology（心理學）」便源自於此。

畢達哥拉斯的靈魂輪迴論

靈魂監禁於身體中

屬於理智的靈魂受制於欲望的身體所干擾而不安寧。

→ 訓練 →

靈魂與宇宙達成和諧

透過數學與音樂的修養，使靈魂回歸和諧的宇宙秩序。

↓ 死亡

繼續下一個生死輪迴

新身體／新墳墓

投胎轉世

靈魂投生至新的肉體，繼續生死的循環。

← 再生 ←

靈魂脫離身體

不朽的靈魂脫離短暫的肉身，得到完全的和諧與自由。

靈魂是理智的根源

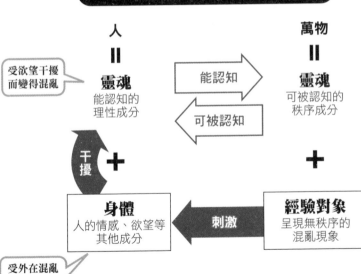

人

＝

靈魂

能認知的理性成分

受欲望干擾而變得混亂

能認知 →

← 可被認知

萬物

＝

靈魂

可被認知的秩序成分

干擾 ＋

＋

身體

人的情感、欲望等其他成分

← 刺激 ←

經驗對象

呈現無秩序的混亂現象

受外在混亂現象刺激而善變無常

人事論時期：智者爭鳴

從公元前六世紀誕生第一個自然學派，經過將近兩百年的探索，研究自然學的風氣似乎走到了盡頭。主張宇宙無固定本源的赫拉克利圖斯和反自然學的伊利亞學派，對於自然學造成了相當大的衝擊，使得自然學各個學派陷入彼此爭議而無結果。因此，哲學家的興趣也開始從自然轉到人的身上。

從自然轉向人間

約在公元前五世紀中期，哲學發展進入第二個時期，即人事論時期。在窮究自然學時遇到許多研究困境的哲學家認為，既然自然界中的真理似乎是不可知的，那麼何不專注於人本身的幸福，因此哲學研究重心轉向倫理學。自稱為「智者」的新一輩哲學家因而崛起。他們以博學聞名，致力於考察各個城邦的傳統習俗與法律，進而得出結論：「正義」和「善」是相對的，隨著不同的傳統習俗變化而有不同的真理。更有甚者，將這種相對主義擴大延伸，而認為人世間沒有絕對的善惡規範，只要憑著流利的口才去說服別人，那就是善的。許多浮泛的巧言詭辯也隨之產生，讓「智者」之名染上了不光彩。

普羅塔哥拉斯的典範

即使智者們留給後世的名聲並不好，但這並不影響智者學派的始祖普羅塔哥拉斯在哲學史的重要地位。他主張一切認知都是透過感官而來；只有感官知覺才是真實的，

例如：同樣的天氣，甲覺得冷，乙覺得熱，那麼對他們兩人來說，各自對冷和熱的感覺都是真實的，並沒有一個客觀的天氣存在；因此他說：「人是萬物的尺度」，亦即萬物的真理究竟為何必須靠人自身去權衡，每個人的真理只以他自己為判斷基準，無法適用到別人身上。普羅塔哥拉斯曾說：「從某一方面來說，有些人比他人更聰明，但另一方面來說，沒有人是錯的。」然而，他並非主張一切事情可以任由人為，而是指出法令規範雖然沒有對和錯，但在實際上仍具有效與否的差別，人們理應追求對城邦而言有效的行為準則且尊重好的傳統規範，「既然沒有人是錯的，那麼就應該遵守更有效的。」其看法恰恰跟那些行徑恣意妄為的智者們相反。

智者的興起

自然學的眾多爭議

哲學家在自然學研究上遭遇困境、彼此爭執不休，深感自然界真理的不可知。

轉向

研究倫理學

研究重心轉為關注人的幸福，以及行為處事的原理與規範。

引起

智 者 興 起

一般博學、雄辯的智者

- 博學多聞的智者廣泛地研究各個城邦的傳統習俗。
- 不同的傳統習俗揭示不同的真理，因此規範與價值是相對的。
- 只要能説服他人的就是真理。
- 玩弄修辭遊戲、顛倒黑白、恣意妄為。

智者的泰斗：普羅塔哥拉斯

- 一切認知都是透過感官經驗。
- 每個人的感覺對他自己而言都是真實的。
- 所有認知的真理都是主觀、相對的。
- 主張應追求對城邦整體較有效的規範。

什麼是「智者」？
希臘文「sophistes」一般翻譯成「智者」，原指能為城邦立法及解釋法律的人；後來智者轉變為收取高額酬勞、專門教授「雄辯術」以便讓人在政壇和法庭中取勝的教師。

希臘三哲的成就

不管是對宇宙萬物本源與人事規範的關注，目的都是為了在紛然雜陳的現象中找出不變的真理。對於前人的哲學問題，蘇格拉底、柏拉圖與亞里斯多德以新的理論基礎做出系統化的研究，最終提出令人讚嘆的解答。

前人遺留的三大問題

經過了宇宙論時期和人事論時期的發展，所有錯綜複雜的主張、以及從中引發的許多哲學困境，都等待著偉大的心靈加以解決。這些困境分別是：

①在自然學上，以不變的來源、原因來解釋運動變化的萬物是可能的嗎？或是像伊利亞學派所言，永遠不可能與運動變化的自然現象相容呢？並且，如果自然的本源可以探究，那麼原先哲學家所提出如原子等物質性的本源究竟是否可能、可以有效解釋萬物的生成根源嗎？

②在倫理學上，人有沒有絕對的行為規範？或者行為規範只能由傳統習俗來決定？「美德」的意涵到底是什麼？它是絕對的嗎？可以被教導？

③關注宇宙萬物秩序的自然學和關注人行為準則的倫理學所研究的對象，彼此有沒有交集？

哲學體系化時期的到來

首先揭開古希臘哲學巔峰序曲的，是一個其貌不揚的謎樣人物——蘇格拉底。沒有人知道他的主張為何，只知道他在雅典城四處與人進行對話，他的反詰經常使得自認為聰明的智者陷入詞窮的困境，也暴露出那些智者事實上是無知的。蘇格拉底並沒有留下著述，也沒有創立任何學派和學說，但其追隨者柏拉圖記載了他的言行，並且以他為主角進行哲學創作。蘇格拉底的言談似乎揭露，確實有普遍的規範以及真理存在，只是智者們自己弄不清楚而已。這原本很可能只是一場哲學小插曲，卻在柏拉圖手上掀起壯闊的思想波瀾：柏拉圖繼承了蘇格拉底的對話方法，寫成了探討哲學問題的「對話錄」，並且開展了自然學與倫理學的普遍真理的方向，進而建構成完整的體系。到了柏拉圖的學生亞里斯多德時，哲學的體系化更進了一大步，他確立了論理學為哲學研究的系統工具，並且匯集過去的所有哲學問題，以令人驚奇的嚴謹論證為其解答。是故，後人很難不藉助亞里斯多德的視野了解希臘哲學。

三位哲人的貢獻

　　由於蘇格拉底沒有留下任何哲學言傳，其主要貢獻在於採用對話反詰的方式來探求人皆應追求的普遍真理；相對地，柏拉圖和亞里斯多德不但是希臘哲學的巔峰人物，也為西方哲學立下兩種影響力持續至今的哲學研究典範。柏拉圖使用辯證術，亦即二人以上通過對話，彼此進行反詰，最後取得雙方皆能承認的共識，進而在共識中益發接近真理。亞里斯多德則用分析術，即透過邏輯推論來分析研究對象，並在確立了基礎原則之後，才推演出隨後的知識。

承先啟後的希臘三哲

前 人 遺 留 的 三 大 問 題

1 自然學的問題
- 可以用不變的本源來解釋運動變化的萬物嗎？
- 如果可以，萬物的本源究竟是什麼？

2 倫理學的問題
- 人有客觀的行為規範嗎？或者只能由傳統習俗決定？
- 什麼是「美德」？美德的意義是什麼？可以教導嗎？

3 衍生問題
- 自然學與倫理學的研究對象是否有交集？

蘇格拉底（約 470～399B.C.）
不斷與人對話
在雅典街頭駁倒持懷疑論的智者，藉以揭露應以普遍真理為追求目標。

希 臘 哲 學 體 系 化

柏拉圖（約 428～348B.C.）
辯證術
二人以上透過對話、反詰以取得雙方共識，最後在不斷獲得共識的過程中接近真理。

亞里斯多德（約 384～322B.C.）
分析術
以論理學為工具來分析研究對象，研究時需確立所採用的基本原則，再從中推演出其後的知識。

Chapter 2

蘇格拉底之死：哲學精神的典範

蘇格拉底之所以被譽為西方哲學的導師，是因為他揭示了人們應該追求真理、正義、美、善等價值，並以此來陶冶內在靈魂的哲學精神。縱然蘇格拉底的哲學活動引發雅典人的不滿而被誣陷入罪，但他卻不因此妥協，最終坦然就死，成為以身體力行實踐哲學精神的典範。

- 蘇格拉底與他之前的哲學家們所探究的事物有何不同？

- 蘇格拉底從事哲學活動的動機是什麼？

- 蘇格拉底為什麼受到雅典人的指控？他如何反駁？

- 哲學家如何看待死亡？

- 如何藉由「歸納論證」找到真理？

- 世上萬物背後存在普遍的定義嗎？

- 「真理」與「俗見」有什麼不同？哲學家會如何選擇？

蘇格拉底其人其事

一提到哲學，蘇格拉底的形象便會立刻映入腦海。這位人類精神文明中特立獨行的人物留下許多耳熟能詳的名句：「我不是智者，但是愛智」、以及「我只知道一件事，那就是：我什麼都不知道」，而這正好是蘇格拉底一生追求真理與德行的縮影。

生平概略

大約在公元前四七〇年左右，蘇格拉底誕生於雅典城裡一個雕刻匠的家庭。他身材矮胖，有著一個醒目的大扁鼻，外貌常被當做消遣的題材，但是他卻能說善道，並且十分健壯勇敢。當時的雅典正處於領導希臘聯軍大破波斯帝國的黃金時期，蘇格拉底年輕時不僅曾全副武裝參與戰役，也曾在展現希臘人體魄與武勇的奧林匹亞運動會中比賽，表現出做為一個公民所應具備的勇敢與對榮譽的追求。

早年蘇格拉底曾跟隨阿納克薩哥拉斯學派學習，由於阿納克薩哥拉斯曾主張萬物的本源是心靈，使他抱持期待，以為因此能探究萬物的精神本源，但隨後發現該學派與一般自然學家無異，研究的是物質組成的結構性原因，很少涉及內在德性，其研究結果不外乎說太陽是一塊燃燒的石頭、月亮是一團土。蘇格拉底失望地捨棄了自然學的研究，而轉向從人的心靈尋求萬物存在與變動的原因。於是，蘇格拉底開始在雅典市集討論處與人討論關於心靈的善、美等德行的問題。他總是不做任何主張，而要求別人表達看法，並且針對這些看法提出質疑，逼使對方反省話語中的矛盾、正視自己的無知。

雖然蘇格拉底沒有創立學說、更沒有成立學派，但是卻吸引了許多貴族青年跟隨他。晚年時，他遭到雅典的當權者羅織罪名而受審，最後飲鴆而死，年約七十歲。在審判中他從容反駁各項指控，嘲弄指控者的無知，並且慷慨陳詞，表明追求真理的心志而毫不妥協，展現了追求哲學的典範。

希臘哲學研究的深化

除了做為一位從事哲學活動、身體力行的典範人物之外，蘇格拉底也被視為希臘哲學發展史上一個重要的分水嶺。在其之前的自然學家要探求萬物的原因時，總是把焦點放在感官所能觀察得到的外在事物；而自蘇格拉底開始則將對物質實體的研究轉向人自身，在人的理性、精神中尋找萬物的本源。蘇格拉底把哲學提升到一個純粹能夠藉由心靈來進行研究的階段，自此人類知識的深度與哲學研究的視野得以大為擴展。

蘇格拉底深化了哲學研究

蘇格拉底之前　自然學的研究

關注萬物運動變化的結構性原因，以外在事物為主要思想對象。

米利都學派
萬物是由火、氣或無限等質料所構成的。

阿納克薩哥拉斯
萬物是無限多粒子透過心智分離而成。

原子論學派
萬物是由同一種原子，以不同的形狀、形式、位置排列所組成。

蘇格拉底的轉向　研究對象轉向人自身

轉而研究萬物存在與變化的精神本源，因而開啟人的自省能力，被視為哲學發展的分水嶺。

什麼是善？

……

蘇格拉底之後　新的萬物本源研究

哲學活動由向外探求提升至以自身的心靈為對象，研究題材轉為屬於心靈的事物。

善　　正義　　勇敢　　美　　知識　　節制

古希臘的德爾菲神廟中，刻有阿波羅的神諭「認識你自己」，在哲學上意指人們應該以自身的心靈為思考對象，也意味著在了解世界之前，還須先了解自己。

蘇格拉底形象的三種版本

然而，蘇格拉底究竟是誰？關於蘇格拉底的歷史記載，為人所熟知的至少就有三個版本。其一將他描寫為詩詩其談的丑角，另一個形象則是迂腐的勸善者，而柏拉圖和亞里斯多德所描繪的哲學家則為現今最為人所知的主要形象。

在歷史迷霧中的蘇格拉底

蘇格拉底是許多人心儀的「哲學偶像」之一，但很諷刺的是，他的真正形象完全是可疑的。蘇格拉底沒有建立任何學說，也沒有留下著作，一般都是透過四個人的記載來認識蘇格拉底，分別是：與他同輩的喜劇作家亞理斯多芬尼斯、他的朋友色諾芬、他的學生柏拉圖、以及柏拉圖的學生亞里斯多德。這四個人由於背景與思想大不相同、觀察角度各異其趣，他們筆下的蘇格拉底形象也就有很大的差異。直到今天，還是無法完全確定「歷史上的蘇格拉底」其真正形象究竟為何。

丑角的形象與迂腐的形象

首先介紹的亞理斯多芬尼斯是著名的喜劇作家，古希臘的喜劇就像現在的諷刺漫畫一樣，是以誇張挖苦的手法來取笑城邦裡的名人，在他的著作《雲》裡，蘇格拉底就是一個奇醜無比、聲音尖銳難聽的丑角。他油嘴滑舌，上窮碧落下黃泉地研究稀奇古怪的事物，還自稱能在天上走路。雖然他採用的是誇張扭曲的手法，但多少也透露蘇格拉底在雅典人心目中留下行止怪異

的印象。另一方面，色諾芬所寫的《回憶錄》則是為了紀念死去的好友蘇格拉底，在他的筆下，蘇格拉底是一個善良、虔誠、遵守規範的老人，四處諄諄告誡城民要行善。蘇格拉底在此的形象只是一個迂腐的說教者，因此後人推測，若不是色諾芬的文筆太差，就是他為了替蘇格拉底辯護，故意將其描寫得毫無特色，以洗刷大眾的成見。

哲學家的形象

然而，透過柏拉圖與亞里斯多德的記載，蘇格拉底才具有了哲學家的形象。柏拉圖以對話的形式撰寫了許多著作，絕大多數的對話錄都以蘇格拉底為發言的主角，他筆下的蘇格拉底以機智風趣、反詰能力高明的哲學家形象出現；但是人們不易判斷那主角是否為真實的蘇格拉底，或只是託言作者柏拉圖本身的思想，或兩種兼而有之。一般認為早期幾篇對話錄中的蘇格拉底比較接近真實，而在中晚期的作品中則是柏拉圖的代言。亞里斯多德的作品則明確標舉出蘇格拉底哲學貢獻有二：舉出具體事例以回答他人提問、並互相反詰的「歸納

論證」，以及以歸納論證所求得的「普遍定義」。雖然蘇格拉底其人其事的真實與否充滿了不確定性，但從承繼其思想的學生柏拉圖的描寫中，蘇格拉底虔誠地追求真理、身體力行乃至勇敢殉道，以及亞里斯多德的記載中推崇蘇格拉底的哲學方法，由此可見，一個影響後世深遠的西方哲學典範人物於焉降生。

蘇格拉底的形象之謎

誰才是蘇格拉底？

說法❶ 油嘴滑舌的丑角

好管閒事、專研古怪事物、言行浮誇不實的丑角。

● 形象來源
喜劇作家亞里斯多芬尼斯的喜劇劇本《雲》

說法❸ 哲學家

追求真理、不隨俗見浮沉的哲學家，在雅典街頭進行哲學論辯而激怒眾人。

● 形象來源
學生柏拉圖的「對話錄」、亞里斯多德的《形上學》

說法❷ 善良的說教者

虔誠、有智慧且品格高尚；在城邦中四處勸人為善的老學究。

● 形象來源
好友色諾芬的著作《回憶錄》

形成

西方哲學中的蘇格拉底

● **西方哲學的典範人物**：知行合一、為追求真理而殉難的勇者。

● **哲學發展的分水嶺**：將哲學的研究重心從物質世界的構成，轉向了解人自身為主題。

● **建立倫理學體系**：主張人類存在的目的為修養靈魂以達到德行最完善的境界。

● **對哲學方法的貢獻**：❶反覆詰問的「歸納論證」法。❷萬事萬物均有其「普遍定義」，也就是放諸四海皆準的永恆定義。「普遍定義」必須藉由「歸納論證」求得。

辯駁①：腐化青年

雅典向來以古聖先賢的詩歌與箴言為規範，也尊崇各行各業的能人為「有智慧的人」。然而，蘇格拉底為了追求真理，對一切傳統規範進行檢驗，問倒了許多名望的人，使其備感難堪。至終引發當權者的不滿，而被控以「腐化青年」之罪。

得罪當權者

　　蘇格拉底所處時期的雅典政局幾經民主政體與少數貴族寡頭統治之間的更迭。民主政體是由公民抽籤選出執政官員、寡頭政權則是依恃權勢來統治，兩種政體的執政者都未具備專業知識與高尚的德行。由於蘇格拉底對真理與德行的堅持，使得他與各個當權者處於緊張關係。在寡頭專政時，他曾任公職卻拒絕同流合污去構陷幾位軍事將領；而當恢復民主政權時，他又因曾與寡頭政權的領導者往來而成為眾矢之的。在這種情況下，他的哲學活動更引起眾怒。他為了探問真理，四處詰問城邦中有頭有臉的「有智慧的人」，往往使得那些宣稱自己無所不知的人，最後卻不得不承認自己無知而備感惱怒。於是，雅典人對蘇格拉底的成見就是：行徑怪誕，上天下海地研究古怪的事物，並且能言善辯，將弱的論證扭轉成強的論證，甚至以諷刺人為樂。

他「腐化青年」？

　　在蘇格拉底七十歲時，貴族們再度密謀政變。雅典民主政權畏懼政權被篡奪，為了殺雞儆猴而起訴蘇格拉底。他們羅織了兩項罪名：一是腐化青年、二是不信神。他們將蘇格拉底牽扯進來的原因在於，雅典城中的貴族青年喜歡看那些有聲望的人當眾出醜，便跟隨在蘇格拉底身邊，甚至模仿他的言談方式去嘲弄別人。雅典人並不了解蘇格拉底哲學活動的深意，再加上某些有權勢的人受辱的經驗，便將蘇格拉底視做鼓動青年去嘲弄長者、教他們不遵守規範習俗的危險分子，因此在民主政府當權者的教唆之下，蘇格拉底被控以「腐化青年」之罪。

蘇格拉底如何辯護

　　在法庭上，蘇格拉底針對「腐化青年」的罪名為自己辯護，在過程中展現了高明的反詰能力。蘇格拉底首先徵得指控人同意以下三個主張：①好人將使鄰人變好，而惡人將使鄰人變壞；②沒有人願意被鄰人危害；③蘇格拉底刻意危害人。從這三個前提，蘇格拉底便指出了指控人本身的矛盾：如果蘇格拉底刻意危害鄰人，當鄰人變壞

而成為惡人時，鄰人也將反過頭來危害蘇格拉底，這豈不是說蘇格拉底刻意要被鄰人危害嗎？因此蘇格拉底做出結論：要不是他根本沒有危害鄰人，要不就是他根本是無心的，而無心之過不該受處罰。

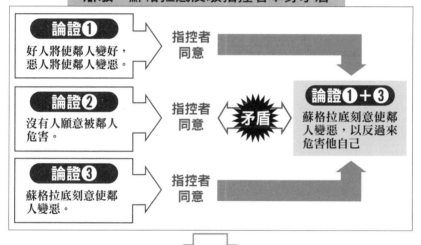

蘇格拉底為「腐化青年」罪辯護

指控罪名：蘇格拉底腐化青年

蘇格拉底好管閒事、對天上地下的事物進行研究，使較弱的論證能擊敗較強的，並唆使別人學他

VS.

辯駁：蘇格拉底反駁指控者本身矛盾

論證❶
好人將使鄰人變好，惡人將使鄰人變惡。 → 指控者同意

論證❷
沒有人願意被鄰人危害。 → 指控者同意

矛盾

論證❸
蘇格拉底刻意使鄰人變惡。 → 指控者同意

論證❶＋❸
蘇格拉底刻意使鄰人變惡，以反過來危害他自己

- 蘇格拉底沒有動機去使人變惡。
- 若有使人變惡的結果，蘇格拉底也是無意的，而無心之過不應受罰。

蘇格拉底無罪

辯駁②：不信神

蘇格拉底除了被羅織「腐化青年」的罪名，由於雅典人尊崇的是以神為表徵的傳統習俗，無法寬容其慎思、明辨以追求真理的哲學活動，因而將他視為藐視神明的傳統習俗反動者，再以「不信神」為由將其定罪。

什麼是「不信神」？

蘇格拉底曾說：「未經驗證的生命不值得活。」他也竭力實踐哲學活動，不斷檢驗傳統觀念是否合理，因而使得擁有傳統聲望的權威人士備感難堪。他受指控的第二項罪名是「不信神，且樹立新的神」。「樹立新神」顯然是莫須有的構陷，而「不信神」則是針對蘇格拉底反詰雅典傳統習俗而來。當時的希臘人認為，人必須遵循城邦的規範習俗才能成為一個良善的人，進而過著幸福、完美的生活。而城邦所崇拜的神是規範習俗的象徵，質疑規範習俗，也就是質疑神。「不信神」這項指控是非常嚴重的，甚至可以判處死刑。

蘇格拉底的再反駁

對此項指控，蘇格拉底首先以慣用的方式嘲諷了指控者自身的矛盾，其反駁如下：既然說他是無神論者，又說他樹立新神，這豈不就像是不相信有「吹笛子」這件事，卻又相信有「吹笛子的人」嗎？他如果鼓吹這種主張，只會反過頭來被青年嘲笑，而不會真的腐化他們。蘇格拉底進一步說，他之所以從事哲學活動，正是因為德爾菲神廟的神諭曾顯示「沒有人比蘇格拉底更有智慧」，他卻自認為對智慧毫無所知，只知道不義與不遵守神諭是錯的。據此，他必須檢驗神諭，因此才不得不去追問什麼是智慧、到處去測試那些智者的智慧是否真的不如他；相反地，不根據神諭去檢驗智慧，卻強將不知以為知，這種傲慢的態度才是不義且不虔誠的。

隨後他又表示，若以判處死刑來威脅他，他也不畏懼死亡，畏懼死亡正是對智慧的驕傲自大的態度，因為沒人真正知道死亡之後是什麼，卻自以為是地論斷死亡是可怕的。

蘇格拉底的反駁非常全面且氣

雅典城神
一般而言，雅典城神是指女神雅典娜，她所代表的是智慧，亦即手工藝技術的智慧，同時也是戰神。雅典城神另有做為議事與正義之神的宙斯，為雅典政權之象徵。

勢雄渾，從指控者本身的控詞中找出矛盾，駁倒對方並大加諷刺，這種技巧即是後人所謂「蘇格拉底式的諷刺」。即使在辯詞方面蘇格拉底得到壓倒性的勝利，他仍然激怒了陪審團，最後遭判死刑。

蘇格拉底為「無神論者」罪辯護

城邦的傳統、習俗、規範

女神雅典娜 ＋ **議事之神宙斯**
＝ ＝
傳統的工藝智慧 政治制度 議事規範

蘇格拉底檢驗
傳統、習俗、規範真的是理所當然的嗎？

定罪 ←
反駁 →

雅典人責難
● 蘇格拉底不信神，是個無神論者
● 蘇格拉底樹立新神

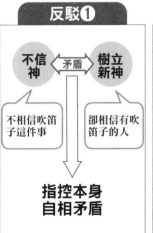

反駁❶

不信神 ←矛盾→ 樹立新神

不相信吹笛子這件事 ｜ 卻相信有吹笛子的人

**指控本身
自相矛盾**

反駁❷

德爾菲神廟神諭
蘇格拉底是最有智慧的人

蘇格拉底知道自己沒有智慧

**檢驗神諭才是對
神虔敬的表現**

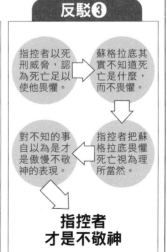

反駁❸

指控者以死刑威脅，認為死亡足以使他畏懼。 → 蘇格拉底其實不知道死亡是什麼，而不畏懼。

對不知的事自以為是才是傲慢不敬神的表現。 ← 指控者把蘇格拉底畏懼死亡視為理所當然。

**指控者
才是不敬神**

表明心志：論愛智

在對兩項控訴進行了有力的反駁之後，蘇格拉底隨即進入申辯的高潮。他表明人應本著對智慧的愛好從事哲學活動，藉此陶冶靈魂。這意味著哲學乃是使靈魂從關注世俗轉向關注真理的教養活動。

來自「內心神靈」的聲音

蘇格拉底在反駁「不信神」罪名時，說明自己遵從德爾菲神廟「蘇格拉底是最有智慧的人」神諭，因而不斷地去檢驗是否沒有別人比他更有智慧。然而，是什麼原因使得他對神諭如此地虔敬，且如此認真地去檢驗神諭呢？這是來自「內心神靈的聲音」的要求。他自述有一個神靈的聲音不時在他耳畔指示，禁止他從事某些行為。例如在寡頭政權時，統治者曾命令蘇格拉底逮捕無辜的將領，那神靈的聲音便禁止他做不義的事。因此，聽到德爾菲神諭說道他是最有智慧的人，雖然他自己不這麼認為，但若不加思索、不經檢證地接受神諭的話，就是傲慢且不敬的，於是他便順服於內心神靈的聲音，而去從事檢驗神諭的哲學活動。

靈魂的照護

蘇格拉底內心的神靈就彷彿是一個人的良心，良心始終會要求人去做正義的事、對真理與德行心懷虔敬，並獻身去追求，靈魂才能享有和諧、安寧的幸福，其他利益也會伴隨而來；相反地，想追求幸福卻只往金錢財富等外在事物裡去尋找、疏於靈魂的照護，反會因爭名奪利帶來的紛擾不安而無法獲得幸福。蘇格拉底曾說：「對一個城邦而言最好的事，並非去關照金錢財富，而是靈魂；因為靈魂的德行並不從金錢財富而來，但是金錢財富以及人的其他幸福，都從靈魂的德行而來。」舉例而言，一個追求誠信美德的商人每一次交易都符合公平正義、不欺騙顧客詐取利益，在短期間或許無法獲取暴利，但是最後將廣受顧客信任而得到更大的成就；反觀一個汲汲營營的刻薄商人所引起的紛擾爭奪，反而使他心靈不得安寧、無法趨樂避苦。因此，追求德行是獲得幸福唯一的正確方法。蘇格拉底標舉出追求靈魂的德行是人一生的目標，這也是他在西方哲學史上的重要特色。

愛智之學兩大特徵

從蘇格拉底談他內心的神靈、以及強調對靈魂的照護，便可進一步去理解「愛智」背後的意涵。蘇格拉底說：「我並非智者，而只

是愛智。」「愛」的動力乃是來自靈魂自身對美善事物的渴望，人們只有不耽溺於世俗的短暫虛假利益、轉向追求真正的智慧，才能滿足靈魂的渴望、實現人之所以為人的真正價值。靈魂企慕美善的深層渴望正是蘇格拉底能在審判中慷慨陳詞、毅然就死的原動力。愛智之學——哲學的兩大特徵：一為哲學是對靈魂的教養，且是一切美善價值的探求與展現；二為哲學要求高度的反省力，憑著虔誠的熱愛去檢驗一切人們認為理所當然的事，兩者可說均在蘇格拉底的一生行止中具體表現出來。

愛智之學vs.虛假智慧

蘇格拉底的愛智之學

能人巧匠的虛假智慧

蘇格拉底的愛智之學		能人巧匠的虛假智慧
為了修養內在靈魂而去追求德行的真理。	特徵	專注於外在財富、名譽、利益更甚於靈魂的美善。
對靈魂教養懷有熱誠、坦然面對自己的無知。	表現	維護外在的尊嚴、名譽，用各種言詞來為無知辯護。
擁有高度自省能力，不強將「不知」當做「知」。	要求	以駁倒對手、為自己宣傳為目的發言，專事能證明自己有智慧的專門知識。

⬇

認真、開放地考察一切關於智慧、虔誠、勇敢、愛、友誼、正義、美等哲學主題。

⬇

將傳統習俗或世俗之見當做真理，不加以進一步考察。

為正義與真理慨然就死

蘇格拉底在辯詞上取得勝利，但因為他堅持不做不義之事，即使涉及個人利害，依然仗理直言，這種態度又激怒了陪審團。從他獲判死刑到飲鴆就死的過程中，表現了對真理、正義、與死亡的看法。

蘇格拉底激怒陪審團

蘇格拉底對「腐化青年」及「不信神」兩項罪名的申辯擲地有聲，很可能獲得無罪開釋。然而，他卻宣告即使無罪開釋，依然會繼續之前的哲學活動。蘇格拉底將雅典譬喻為一匹巨大但笨重遲鈍的馬，需要虻蟲來叮咬才會奮起奔馳，而自己就是神所揀選的虻蟲。他必須聽從神意，而不是受凡俗之見擺布。所以他不會像許多普通人一樣，帶著妻小哭哭啼啼在法庭上求饒，讓這不義的舉動羞辱在場的所有人。此時法庭嘩然，判決蘇格拉底死罪，並詢問蘇格拉底是否要提出別的處罰代替。蘇格拉底竟回答他所應得的處置，是住進雅典英雄館接受供養，而不是任何懲罰。縱然在一旁的柏拉圖等人勸他以罰金代替，他卻只願意支付一塊錢。如此一來，群情激憤的陪審團便壓倒性地表決通過，將他判處死刑定讞。

為什麼自尋死路？

蘇格拉底的舉動令人訝異，難道他真的死到臨頭還以嘲諷為樂嗎？絕非如此，蘇格拉底所堅持的是「正義」。由於他並未做出壞事，所以不能受罰，但也不能與法庭做出不義的交換而免去死刑，因而只能讓審判如此定案。雖然遭判死刑，蘇格拉底並不後悔，因為他認為逃避錯誤比逃避死亡更難。既然這樣不公正的判決使得陪審團自己處於不義，因此結果是公正的：蘇格拉底獲得的是死亡，而將其定罪的法庭獲得的是罪惡與錯誤。

進一步地，蘇格拉底認為死亡對自己而言是好事，因為來自內心神靈的聲音並未阻止他接受死亡，死亡有可能像無夢的夜晚一般令人安眠，甚至靈魂也可能會前往諸神與英雄的國度，享受至上的幸福。最後，他向所有人說：「退庭的時刻到了，我們各走各的：我去死，你們去活著，只有神才知道哪個比較好。」

蘇格拉底之死

執行死刑的前夜，好友克里托到獄中探望蘇格拉底，表示有一群朋友已買通獄卒，可讓他逃亡至其他城邦，在那裡仍可繼續進行哲

學活動。但是蘇格拉底拒絕了，因為他必須以死來維護雅典的法律，而不可私逃犯法。隔日行刑的前一刻，好友們聚集到獄中，蘇格拉底泰然自若地與他們談論靈魂不朽的問題，他論證靈魂脫離肉體束縛後，將仍不朽並且窺見真理，而哲學家追求真理的一生，即是為死亡做準備的過程。最終他從容將毒酒一飲而盡。他的朋友斐多說：「在這個時代我所知的所有人裡，他是最善良、最智慧、最正直的。」

哲學家的死亡vs.一般人的死亡

哲學家
● 思索求知
認為靈魂被囚禁於肉體中，來自肉體感官的欲望阻礙了真理的探究，因此肉體的死亡正是靈魂的解放。

對死亡的理解

一般人
● 庸碌無知
對死亡完全無知，卻認定死亡是可怕的。

哲學家
● 自願追求死亡
靈魂為一生關心的焦點，努力修養靈魂來探求真理與正義，以進入真理與正義的世界；死亡只是靈魂脫離肉體必經的過程。

對死亡的態度

一般人
● 貪生怕死
以利益與財富為關心的焦點，害怕死亡剝奪了人世的享樂，因此竭力避免死亡。

哲學家
● 坦然就死
大難臨頭能為所當為，慨然就義。

臨死的表現

一般人
● 畏怯討饒
帶著妻小哭哭啼啼在法庭上求饒。

哲學家
● 釋放靈魂
有德之人的靈魂脫離肉體而解放出來，進入真理與正義的世界，獲得至上的幸福。

死後的境況

一般人
● 困守肉身
無德行的人死亡時，靈魂仍被身體欲望困住，無法與真理合一。

貢獻①：歸納論證

將人類對倫理規範的思考從僅針對個別事例的意見，提升到進一步去掌握普遍的對象，正是蘇格拉底對哲學發展的重大貢獻。因此，亞里斯多德曾說：「有兩個東西可以完全地歸功於蘇格拉底：歸納論證與普遍定義。」

什麼是歸納論證？

要了解歸納論證，可以先看蘇格拉底哲學活動的特色：在談論「某某是什麼？」這種課題時，蘇格拉底多半不回答，而只是發問，於是對方就引一個例證，據此提出答案；此時蘇格拉底會繼續提出對這個答案的質疑或反證，使得對方不得不修正、甚至推翻原先的答案，再提出新的答案。這個過程將不斷重複，經過不斷地修正後，每次的答案所包含的考量就愈多、適用的範圍就愈廣，因而也就愈接近普遍的真理。另一方面，每次的反問都是從對方所提供的事例出發，深入探究其所含括的限度後，進而找出適用限度外的矛盾反例，據以反駁原先的答案。這種論證的方式，可以從一種不是真理的意見出發，透過雙方的問答辯難而朝向普遍性修正，使最終能將原先的答案與反駁整合入更具涵蓋性與普遍性的主張裡。這種通過引入事例進行往復討論的哲學技巧就是「歸納論證」。

歸納論證的實例

歸納論證可說是哲學史上首度出現的一種能確實追問真理的方法，其重要性不言而喻。歸納論證法使人們對真理不再只是任意探問，只要循此法往來問答，便可以愈來愈上升至真理。舉例而言：甲問：「『不義』是什麼？」，乙答：「不義就是說謊。」；甲接續乙的答案，再問：「那麼一個人要自殺時，我們說謊來說服他不自殺，如此一來，我們豈非因為救了一個人而顯得正義，卻又同時是不義的？這不是矛盾了嗎？」，乙答：「那麼我修正我的談論，不義就是為了傷害人而說謊。」；甲接著再問：「那麼，一個人不說謊而傷害人，難道不是不義嗎？若是如此，我們竟然要說他傷害了人，卻又是正義、合宜的？」，乙答：「我再修正，不義就是用任何手段，包括說謊來傷害人。」；甲再問：「那麼，為了保衛國家而傷害敵人，是否也是不義？這豈不是說，保護別人為正義，卻同時又不義？」……。經由如此一問一答的過程，甲乙兩人便對「不義」有了更深入、更清楚的了解。

進行歸納論證的對話流程

共同引導出普遍真理

甲所能舉出反例的空間愈來愈小

乙所提出的答案涵蓋範圍愈來愈普遍

兩人像下棋般一來一往

甲再舉出反例

例如：工匠幫別人製作物品，難道是不節制嗎？

問 →

乙必須再提出能夠包含甲的反例的定義

例如：節制就是做好事。

← 答

甲再舉出反例

例如：對於乞丐而言，太過害羞、怯懦是不好的，節制會是不好的嗎？

問 →

乙再度修正，轉移至包涵更廣的定義

例如：節制就是做自己的事。

← 答

甲舉出反例，以顯示出乙所提意見的侷限性

例如：在體育、音樂和學習上，敏捷就是沒有節制？

問 →

乙修正原先的意見，而能涵括甲所提出的例外情況

例如：節制就是有羞恥心與謙虛。

← 答

甲以「某某是什麼？」的形式為對話的開端

例如：「節制」是什麼？

問 →

乙首先根據一般意見，來提出初步答案

例如：節制是平靜緩和的秩序，如平靜地行走與談話。

貢獻②：普遍定義

由於希臘的眾多城邦皆有各自的倫理規範，對於彼此差異甚至矛盾的規範應該如何適從，蘇格拉底揭露了哲學所追求的倫理規範必須是客觀、絕對的，因而是普遍適用的。由此導出了哲學研究的重要主題——普遍定義。

什麼是「普遍定義」？

亞里斯多德曾說蘇格拉底的第二個哲學貢獻是揭露「普遍定義」。由於人們可藉「歸納論證」來進行互相詰問，使「某某是什麼？」這類問題的答案逐漸取得普遍有效性，如果這個答案進展到最普遍、最高點而成為不再有變動的真理，那麼它便是「普遍定義」了。例如問「勇敢是什麼？」，經過歸納論證的交相反詰所得到的最後答案若能涵蓋天底下所有能夠被稱為「勇敢」的事物而毫無遺漏，就能說這個答案即是「勇敢」的普遍定義。

「普遍定義」的重要性

在蘇格拉底之前，哲學家們尚未發展出這種獲取普遍定義的哲學方法，於是他們的推論有些根據感官經驗而來、有些則根據類比或譬喻等方式，但最終所得到的答案往往不具普遍有效性。而蘇格拉底所探究的無所不包、毫無例外的普遍定義，在哲學研究上的意義至關重大，自此以後，人們才能單純地憑藉理性探究萬事萬物的原理。舉例來說，從感官經驗來看，每個具體的三角形的外型各不相同，有全等的、等腰的、甚至不規則的，那麼要怎麼去定義所有的三角形呢？只要能找到一個永恆不變、普遍有效的原理，例如：「那些都是由三個邊構成、內角和等於一百八十度的形狀」，就能統一說明看似各式各樣，但都具有此一特性的所有三角形。

藉由理性推求出普遍定義，人們便能真正獲致穩固不變的知識、穿透一切紛雜的表象去掌握永恆不變的對象，不再礙於感官所見、令人眼花撩亂的變動。了解了普遍定義是哲學所要探究的目標之後，便可得知哲學所探究的是一種永恆不變、抽象、不包含變動感官經驗內容在內的對象。

如何推演出普遍定義？

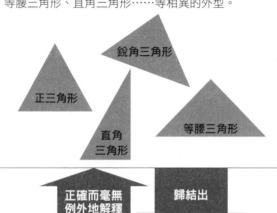

個別事物

感官所接觸的形形色色、外型各不相同的具體事物。

例如：具體的三角形中，有正三角形、銳角三角形、等腰三角形、直角三角形……等相異的外型。

銳角三角形

正三角形

直角三角形

等腰三角形

正確而毫無例外地解釋　　歸結出

普遍定義

存在思想中的永恆不變、普遍有效的真理，可以解釋所有感官經驗的變動。

例如：三角形的普遍定義是「由三個邊組成、內角和為180度的圖形」。凡是符合此一普遍定義的事物即為三角形。

普遍適用於任何情況的不變原理

三角形

由三個邊組成、內角和為180度的圖形

蘇格拉底的哲學精神與人的生活

蘇格拉底認為靈魂的德行是人最須關注的，以追求真理的哲學做為人所應從事的活動，這就導出了人在生命的態度上必須做出的重大抉擇：究竟要跟隨世俗還是追尋真理。

哲學是人必須的活動

蘇格拉底一生追求智慧，最後死得其所，因此被稱為哲學的殉道者。然而他是否只能做為少數有志於追求哲學者的典範呢？並非如此。因為哲學並非只是為好奇而求知的活動，而是追求幸福、理想生活的唯一正確途徑。只有從事哲學活動、讓靈魂歸向永恆美善的真理才能得到永恆的和諧與幸福。然而，人介於動物與神之間，在努力邁往神的智慧時，同時也遭受到身上習慣、情感、欲望、感官等非理性因素的牽絆，不時被拉回對現實的虛假滿足中。此時，哲學家只能憑著對真理強烈的渴慕，掙扎著擺脫障礙，才能展現出人的生命強度與價值。

跟隨意見 vs. 追尋真理

在日常生活中，有些看法被認為是理所當然的，例如：多賺錢就能享樂、凡事要實用才有價值、抽象思考很不切實際……等。如果徹底檢驗，便會發現這些主張經常人言言殊、可以變動並有許多反例，並不能被肯定為真理。如果人

們只是憑著情感去認同這些看法而非運用理性審慎思考，那麼以蘇格拉底的話說，即是對智慧的傲慢，強不知以為知。只憑藉這種看法來過生活的方式，可以說是依據「意見」。

相反地，像蘇格拉底這樣的哲學家，雖然活在現實之中，但對於一切意見卻能認真地檢驗，毫不苟且；正是這種自知無知的謙卑態度，使得他與那些強不知以為知的人區別開來，而走向通往「真理」的路。必須強調的是，哲學家並非喜歡對於世事做出驚世駭俗的解釋，而是聽從追求智慧的良知，不將世俗的「意見」視為理所當然，才會持有與一般大眾不同的見解。由於「真理」與「意見」兩者在實際生活中經常呈現緊張對立，要貫徹真理的抉擇是非常困難的。

以死明志的哲學家

蘇格拉底最後死於眾怒之下，一方面因為他確實十分激進，另一方面也顯露出他的哲學活動並不能讓其所處的社會諒解。這是因為哲學家選擇的是真理，因此始終和世

俗的意見保持一段距離，致使古往今來人們對哲學總是有些陌生、甚至懷有偏見。蘇格拉底臨死前說：「哲學家一生的活動就是在為死亡做準備」，他的朋友隨即開玩笑道：「難怪我家鄉的人們都說哲學家是半死之人。」此語或許是在嘲弄哲學家都該死，也可從中窺見哲學家與他的社會環境、文化背景之間的張力，也因為這個張力，使得哲學家的思考足以帶動每一次的思想文化進展，進而改變傳統，以死明志的蘇格拉底便是最鮮明的典範之一。

一般人的選擇vs.哲學家的選擇

比較項目	一般人：意見	哲學家：真理
對智慧的態度	**傲慢** 不經檢驗地接受主流意見與習慣。	**虔敬** 不輕易接受任何意見，時常追問「什麼是」、「為什麼」。
關注的事物	**關心的是「現實」** 將主流意見認定為現實，輕易地跟隨。	**關心的是「真實」** 去探問在主流意見的背後是否隱藏著真正的事實。
判斷的依據	**憑情感與感官經驗下判斷** 認為具體的事物才是真的，抽象的事物虛幻不實。	**憑理性能力下判斷** 不輕易相信具體事物的表象，而以理性判斷其背後的真實。
與眾人的關係	**安全、不必冒險的** 人云亦云，既便於日常生活，又不必與一般人衝突。	**可能與周遭衝突的** 不跟從一般人的思考習慣，可能被視為異類或不切實際。
追求的目標	**追求眼前的利益** 以眼前可見的利益為幸福，而跟從主流意見去追求。	**追求永恆的幸福** 以靈魂美善的最高幸福為利益，根據理性與真理去追求。
造成的結果	**愚昧無知地附和眾人** 過著汲汲營營卻不真正幸福的蒙昧無知生活。	**有智慧但可能不容於世** 有可能達到最高的幸福、過著充足完滿的生活；但也可能過著曲高和寡的孤獨生活。

普遍道德的追尋：
蘇格拉底與智者的爭鋒

雅典民主統治時期的文化遭遇了價值崩潰的危機，蘇格拉底挺身追求客觀的真理與美德，認為人們應該追求真正的美德所帶來的至高幸福，而與主張沒有客觀真理的智者們針鋒相對。他努力不懈地探求客觀的道德真理，並且主張擁有真正的知識即能擁有美德，進而討論美德是否可教導、人行惡事乃是出於無知使然。

- 蘇格拉底身處的政治與文化困境為何？

- 蘇格拉底如何從事找回價值的哲學活動？

- 「美德即是知識」是什麼意思？

- 美德可以經由教導傳授給他人嗎？

- 「做惡」的意義是什麼？

- 擁有美德能夠帶來幸福嗎？

- 蘇格拉底如何與人討論倫理的普遍定義？

雅典民主政體的亂象與知識販子

蘇格拉底身處的雅典民主政體，充斥顛倒是非、譁眾取寵的風氣。應運而生的智者們專事教導參政者「雄辯術」在爭辯中取勝。蘇格拉底面臨這種失序的情況，因而極力標舉真理與普遍價值。

政體的演變

一般人所熟知的雅典民主政體是在古希臘的中晚期才出現的，古希臘諸多城邦除民主政體外，尚有君主、貴族等不同政體。古希臘人認為，人間統治秩序的遞移反映了諸神的統治秩序：世界先由天神烏拉諾斯任意獨斷統治，被推翻後改由時間之神克洛諾斯依法律規則統治，克洛諾斯之子雷神宙斯再聯合諸神推翻父神，行聯合統治，最後則由宙斯之子酒神戴奧尼索斯自天外降臨，推翻宙斯而改行多數人統治。同樣地，人間的統治秩序也是先有君主獨裁；為了反抗暴君，再形成依循律法的王政統治；隨後由少數人聯合掌政，形成寡頭政治；最後則由多數人掌政，形成民主政體。然而，代表民主統治的酒神乃是外來的狂亂之神，將摧毀一切原有的秩序。就此看來，民主政治被認為是由一群毫無原則、任意放縱的暴民所主導。

民主政體的亂象

蘇格拉底當時的雅典歷經了數次政局上的動盪不安，逐漸穩定成為民主政體，但是由多數人統治的民主政體並不依靠專門的統治知識來運作。只要是雅典公民，都擁有議事與執政的權利，但若要獲得政治聲望或是在法律訴訟上取勝，則必須擁有高明的口才。因應著這種從政需求，便出現了一群專門教導人們「雄辯術」的智者，他們主張沒有絕對的是非，只要能說服人就是對的。因此，當時的民主政體充斥著虛浮誇張的言論，甚至以說黑為白來取得眾人歡心。此外在取得公職方面，民主政體以輪流抽籤來決定，這也引發政治是靠運氣而不是擁有知識才幹的非議。蘇格拉底與其學生柏拉圖對此極為不滿，而批評那是由一群無知群眾共謀的暴政。

知識的販子們

那些因應政治需求而教導雄辯術的智者們，多半自詡為最有智慧的人，他們認為真理是相對的，例如有人主張「強權即是正義」，更甚者則以玩弄語言遊戲為能事，藉著詭辯來駁倒對手，例如：一堆穀子既是多的、又是少的，因為不能決定到底要放上多少顆才算「多」，要拿掉多少顆才算

普
遍
道
德
的
追
尋
：
蘇
格
拉
底
與
智
者
的
爭
鋒

「少」。智者們廣收學子，收取
高昂學費，甚至宣稱能教導人們美
德。然而，當蘇格拉底詰問他們美
德的意義，卻又左支右絀，暴露

出自己實際上連美德是什麼都不知
道。因此柏拉圖嘲諷他們並非真正
有智慧的人，而只是一群兜售廉價
知識的小販。

諸神統治秩序的演變對應人間政體的演變

諸神的統治秩序

  天神
烏拉諾斯統治
實行專斷獨裁統治

 時間之神
克洛諾斯統治
依律法行君王統治

 雷神
宙斯統治
聯合諸神共統治

 酒神
戴奧尼索斯統治
多數人共同統治

對應 → 對應 → 對應 → 對應

人間的統治秩序

| **獨裁君主時期**
依一人意志獨斷 | **王政時期**
依據客觀法律統治 | **寡頭統治時期**
少數當權者統治 | **民主統治時期**
烏合之眾無秩序的統治 |

雅典民主政體的亂象

雅典採行民主政體
雅典公民皆擁有參政、議政權。

→ **善辯者擁有聲望**
在議會或法院中駁倒對手才能吸引群眾。

 一堆穀子既是多、又是少的。

出售知識的智者興起
智者興起，收費教導「雄辯術」。

→ 沒有是非善惡。對我有利即是，對我不利則非。

巧言飾非的政治風氣
智者顛倒是非以謀取政治利益，導致浮誇聳動的言詞充斥。

美德是真正的知識

民主政體時期的雅典風行相對的價值觀，智者們主張沒有絕對的是非善惡，有利於我者即是、不利者即非。面對此種道德失序的亂象，蘇格拉底致力於探求美德倫理的普遍定義，目的是為了掌握人種種行為背後的客觀準則。

探尋美德的普遍定義

蘇格拉底所探求的普遍定義是客觀、放諸四海皆準的，可透過反覆詰問、嚴格推敲的「歸納論證」方式來求得。以「人」的普遍定義而言，每一個別的人都有性別、年齡、外貌、個性等差異，但只要是「有理性、可思考求知的動物」皆可稱為「人」，因此，人的普遍定義即是「理性的動物」，在任何情況之下都不會改變。

在涉及倫理價值的事物方面，相對於智者們主張沒有普遍真理和倫理價值，蘇格拉底則標舉出確有客觀、可據以檢驗各式論斷的美德存在。以「正義」為例，有些人主張正義是「欠債還錢」，有些則認為正義是「濟弱鋤強」，看法不一而足，如果能探求這些個別正義事例所共有的普遍定義，例如「正義便是遵守應有的法則」，便可據此判斷什麼才是真正的正義、如何才真正具有美德。如此一來，美德就有一可供檢驗的準則。

知識與行為的關連

蘇格拉底進一步認為，掌握了美德的普遍定義不僅是在認知上了解美德是什麼，而且本身也必然擁有美德，並能在實際言行中將美德展現出來。一般人可能以為「知道什麼是美德」與「實際行為是否有美德」是兩回事，蘇格拉底則認為兩者實為一體。舉例來說：若一個人聲稱他知道勇敢，但遇到危難時又表現得懦弱，這顯示他根本不知道勇敢為何物。掌握勇敢美德的人必然會在實際遇到危難時，在意念上亦認為「這時不能退縮」，並且付諸行動，那才是真的知道勇敢；若他的作為是懦弱退縮，則表示當他下決定的那一刻認為「這時候應當懦弱」，與自以為知道的「此時應表現得勇敢」互相矛盾，如此一來，就不算真的知道勇敢為何物了。

蘇格拉底指的是「柏拉圖筆下的蘇格拉底」
蘇格拉底與智者學派論辯的過程記錄於柏拉圖所著的對話錄中，雖然這很可能是柏拉圖藉蘇格拉底之口表達自己的看法，但多少可以推敲出蘇格拉底實際的哲學活動。

掌握真正的美德知識即是擁有美德

普遍定義

透過歸納論證的方法，為同一類事物找出共同具有的普遍定義。

例如：無論青年、中年或是老年人、皆擁有理性而能稱為「人」，「理性的動物」即是「人」的普遍定義。

個別事物所共有的客觀本質　理性的動物

人事倫理的普遍定義

是指符合某一種美德的個別事例所擁有的共同特徵。

例如：欠債還錢、濟弱鋤強或遵守諾言等行為皆是「遵守應有的法則」，「遵守應有法則」即是「正義」的普遍定義。

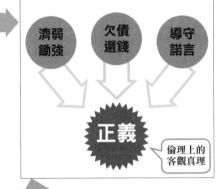

濟弱鋤強　欠債還錢　遵守諾言

正義

倫理上的客觀真理

真正掌握倫理的知識＝擁有美德

真正掌握了美德的普遍定義，就能在一切的作為中展現出美德；若不能表現出具美德的行為，也就是不了解美德的真義。

以「勇敢」的美德為例：

知道「勇敢」是「危難當頭而不退縮」

一致的表現

根據知識做出決定，實際上不退縮。

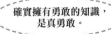

確實擁有勇敢的知識，是真勇敢。

矛盾的表現

根據知識做出決定，實際上退縮了。

顯然未擁有勇敢的知識，並非真勇敢。

美德可以教導嗎？

既然倫理上確有普遍、客觀的美德存在，透過歸納論證可以掌握真正美德的知識，進而實踐美德；進一步地，鑑於智者們宣稱自己能教導美德的知識，蘇格拉底便討論「美德是否可以藉由教導傳授給他人」。

美德似乎不能教導

如果美德即是知識，似乎就可以教導他人、使他人了解美德是什麼，而成為善人。然而在《美諾篇》對話錄中，蘇格拉底曲折地探究了這個問題，顯示要傳授他人美德有一定的困難。他諷刺在智者普羅塔哥拉斯的教導之下，學生的品行反而變得更差；並且指出賢人們的美德都不是受教而來的，也沒有因此而使自己的兒子也具有美德，由此則顯示美德不可教導。蘇格拉底因而推論出：雖然美德也是一種知識，但是這種知識並非一般可以靠聽聞受教而得的知識。

美德靠回憶而得來

在《美諾篇》裡，蘇格拉底透過啟發性的提問、而不主動提供答案的方式，逐步引導一個從未識字的奴隸男孩經自己思考後成功地推算出幾何問題的答案，顯然男孩在未被教導、告知知識的情況下，從他自己身上便可得出知識，蘇格拉底便推論出男孩本身即早已具備了知識，他只是啟發男孩「回憶」起來而已。因此，知識是透過回憶而

來，若美德是知識，則同理可知人們本身應該就已具備了美德，只是遺忘了，需要通過回憶來記起。

美德是「神的恩賜」

然而，是否人們天生即已具備美德，而不需要後天的教育呢？蘇格拉底也反駁了這種論點。他表示，顯然沒有人生下來就是個有美德的人，因為美德是讓人能做出善事的知識，而沒有人與生俱來就能具有實踐美德的知識。但美德又必須通過自身的回憶獲得，既然人不能天生即具備真正的美德，又並非透過教導而習得，那麼又如何喚起記憶呢？這當中的關聯性就令人費解了。這個討論最後並沒有提供解答，蘇格拉底下了一個暫時的結論收尾：「美德是神的恩賜。」

美德必須由自身喚起

在對話中，蘇格拉底並未正面回答原已存於己身的美德知識是否能夠透過教導而被喚起，也就是美德是否可教導的答案。這似乎指出了「愛智」之學旨在誘發人們承認自己的無知，進而踏上追求智慧

的道路，而不是俯拾他人提供的現成知識。人們必須依靠自己，喚起自身既有的美德記憶，在自身的理智活動中找出美德的根源，而他人的告知與教導只是引發再記起的媒介；相反地，即使經由他人告知，但自己仍未能喚起美德的記憶，仍舊無法讓自己成為一個真正擁有美德的人。

美德可以透過教導而擁有？

美德即是知識

知識可以透過教導而擁有

美德可以透過教導而擁有嗎？

討論❶

美德不可教導

例如：
● 智者們的學生沒有美德。
● 賢人們無法將美德教給兒子。

討論❷

知識不透過教導即可擁有

例如：
● 蘇格拉底循循善誘，使得一個不識字的奴童可以自行推算出幾何知識。

知識是透過回憶而來

推測

美德不可教導，而是透過誘導使人自行回憶起來的？

正如蘇格拉底不告訴奴童答案，而誘發他自行尋找出來一樣，對話的目的是在藉由搞糊塗而誘導眾人好奇追問，自行尋找出答案。

結論

美德是神的恩賜

眾人都被搞糊塗了

蘇格拉底對話的特徵

蘇格拉底暗喻，若人們不被搞糊塗，就會自以為是。

沒有人刻意做惡

若美德是能讓人做善事的知識，那麼為惡就是出於無知，亦即缺乏做善事的知識，才會做壞事。由於人天生具有能做善事的知識，若為惡，只是對自己所作所為的真正後果無知而已。

「惡」即是無知

古希臘人談論的「美德」，原先意指戰爭時的英雄氣魄，後來則轉向有一個人具備良好職業技藝的意味。就古希臘人的理解，美德也被視為一種能將事情做好、通往幸福的技藝。因此，一個人做惡，是指他對事情的處置不當、或影響別人變壞了，這種造成缺陷的後果便是「惡」，人們也因此不幸福。然而，由於每個人生來已擁有做善事的知識，做惡則是因為不知道自己擁有這樣的知識，而造成不良結果，所以做惡正是出於無知。

人天生的意圖是朝向善

既然惡是出於無知，如果一個做惡的人確實知道自己具有行善的真正知識，便不會做惡而會行善。蘇格拉底認為人們天生意圖都是想將事情做好、追求好的結果，即使惡人知道作奸犯科是壞事，但是他的想法是認為在那時候這麼做比較好，就意圖而言仍然是為了追求他所認為的好結果。比如說在困頓時認為，與其窮愁潦倒，不如冒險去搶劫比較好。因此，惡人做惡是因為他錯誤地判斷做惡會有好結果。

由此可知，「是否擁有真正的知識」是人們能否做出正確決定的關鍵。

做惡是否需負道德責任

然而，「人們天生總是意圖做好事，而做惡是出於無知」的說法會帶來一個問題：做惡的人是否需要為自己的所作所為負責任？這個問題在對話錄裡並沒有直接討論，而後世的哲學家們據以引申出所謂「道德責任」的問題：一個人如果有意圖、並且知道行為的後果而決定去做某行為，就必須為其所作所為負道德責任；倘若沒有意圖這樣做、或是對後果完全無知、或是非自願地被迫做出決定，就無須負道德責任，而能免除道德上的譴責或懲罰，或是不必負全責。比方說一個搶匪乃是出於無知而搶劫，如果他擁有正確的知識，就不會想這樣做；如此一來，他的過錯是否就類似無心之過，無須被究責。這樣的結論顯然是值得爭議的，但由此卻可以看出蘇格拉底主張的「人天生意圖將事情做好」，以及論證事情的方法對後世產生的深遠影響。

希臘哲學對於人為惡的討論

美德的意義		罪惡的意義
人具備善的、能通往幸福的知識或技藝。	← 相對 →	人不具備善的、能通往幸福的知識或技藝。

希臘人對
美德的理解

實際表現		實際表現
人具有正確的知識，了解什麼是美德，便會在正確判斷下做出善事。	← 相對 →	人不具有正確的知識，因此根據錯誤的知識判斷而做出惡事。

若惡人擁有正確的知識，將知道後果為惡的話，就不會做惡。

引導出

人天生擁有把事情做好的意圖；做壞事乃是出於無知。

人均有想做出
好事的意圖

實例

小明的家境貧困，因為想改變貧窮的現況而考慮要不要去搶劫。

情況❶：具有正確知識的做法	情況❷：不具正確知識的做法
小明知道搶劫是犯法的行為，所以是不好的。	小明對搶劫的結果沒有正確的認知，而認為搶劫對自己是好的。
↓	↓
小明決定安貧守分，靈魂獲得平靜，因此是好的。	小明決定搶劫。
	↓
	小明被判刑坐牢，靈魂比之前更不平靜，結果是不好的。

如果一開始便具備正確的美德
知識判斷，就能明白搶劫不好，
因此也就不會決定這麼做。

美德與幸福

蘇格拉底認為，美德必然會帶來幸福。然而，具有美德固然有助於正確判斷而做好事，但實際上，行善不必然會得到好結果、帶來幸福，因此討論這個問題前，必須先了解何為「真正的幸福」。

美德與幸福的關係

古希臘人認為某個事物本身功能能獲得充分發揮就是具有「美德」，例如：紡織用的梭子的「美德」就是將布料織得很好、一個運動員的「美德」就是鍛鍊好身體並且在比賽中展現出最好的成績、一個人的美德就是過著幸福的人生。蘇格拉底認為，要讓事物的「美德」得以充分發揮，就必須依靠正確的知識，如同依照正確知識使用的梭子、依照正確知識訓練身體的運動員能充分實現其「美德」一樣，人要實現自身的美德，也必須依靠正確的關於幸福的知識。依循正確的知識實踐美德，如此一來，美德必然會帶來幸福。

什麼是「真正的幸福」？

進一步地，蘇格拉底討論了什麼才是正確的關於幸福的知識。正如希臘人以適度、秩序與和諧為完美，人真正的幸福即為享有靈魂的和諧。希臘人將靈魂區分成理性、意氣、欲求三個部分：理性部分能掌握知識、做出判斷；意氣部分愛好榮譽、展現出生命強力；欲求部分則追求身體愉悅的滿足。要達成靈魂的和諧，必須由理性做為主宰去節制意氣與欲求，使得意氣不至於在追求榮譽時逾越分際而變成好勇鬥狠，欲求也不會在尋求滿足時逾越為縱欲揮霍。只有理性部分善用正確的知識來節制意氣與欲求部分，才能獲得真正的幸福。

藉由愛智獲得「真正的幸福」

比方說，一個以不正當手段獲取權勢和財富的人，並不是真正的「幸福」，因為他是出於欲求不受節制而去巧取豪奪，其所獲得的只是暫時的利益，而非內心和諧的長久幸福。相較於只是追求欲望滿足或好勇鬥狠的一時之快，蘇格拉底認為，藉著正確的美德知識，均衡地發揮理性以節制意氣與欲求，才能享有永恆的幸福；而唯有通過愛智的哲學活動，充分發展追求真理的理性，才是正確地朝向真正的幸福目標。對那些誤以為幸福是眼前立即的財富、名聲等利益的人，蘇格拉底則會這麼說：「因為你還不了解真正的幸福。」

蘇格拉底的「美德與幸福一致」觀點

美德
泛指一切人事物充分
發揮其能力。
例如：
● 梭子能將布料織得好
● 運動員鍛鍊身體而獲
  得優秀的運動成績
● 人過著幸福的人生

＋

**本身功能均衡、
充分地發展**

＝

幸福
包括好生活、好結
果、好成就、利益

人如何發展美德

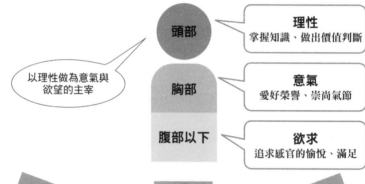

頭部 — **理性** 掌握知識、做出價值判斷

以理性做為意氣與
欲望的主宰

胸部 — **意氣** 愛好榮譽、崇尚氣節

腹部以下 — **欲求** 追求感官的愉悅、滿足

 ✕

理性
教養　放縱
意氣　**欲求**

欲求未受理性的調節，
靈魂未能獲得和諧。

重視眼前的現實利益，只
擁有短暫易逝的愉悅。

 ○

理性
教養　節制
意氣　**欲求**

在理性的主宰下，意氣與
欲求受到節制，靈魂呈現
出和諧的最佳狀態。

美德可以恰如其分地表現出
來，擁有真正的永恆幸福。

 ✕

理性
放縱　節制
意氣　**欲求**

意氣未受理性的調節，
靈魂未能獲得和諧。

放縱意氣、好勇鬥狠，
只能逞一時之快。

什麼是正義？

正義、虔敬、勇敢……等都是人所具備的美德，然而什麼是真正的正義、虔敬、勇敢呢？在了解美德知識是通過回憶而來，以及藉由美德才得以通往幸福外，蘇格拉底也探究了「正義」這項美德的普遍定義。

討論①：正義就是「有借有還」或「報復敵人」？

在《理想國篇》對話錄中，蘇格拉底仍以對話的方式討論「何謂正義」。蘇格拉底依然先扮演提問人的角色，一位朋友回答：「正義就是有借有還。」蘇格拉底便質問：「若你向朋友借了武器，有一天他發狂地來向你要回武器，似乎想去殺人，那麼你要還他嗎？」顯然「有借有還」這個回答是很不周全的。於是另一個朋友重新回答：「正義就是讓朋友變好，讓敵人變差。」蘇格拉底又反問：「擁有正義的便是好人，好人竟然能讓他人變差，這顯然是荒謬的。」由此可見，「有借有還」或「報復敵人使敵人更差」，都不是「正義」的普遍定義。

討論②：強權即是正義嗎？

經過幾回的嘗試之後，朋友們都無法招架蘇格拉底的反詰而陷入混亂，此刻一名盛氣凌人的朋友出場，嘲笑蘇格拉底的對話十分廉價，只會把人弄糊塗，但卻什麼答案都說不出來。那名朋友驕傲地宣布他認為的正確答案：「強權就是正義！」蘇格拉底聽了首先表現出受驚嚇的樣子，隨即反問：「若多數的弱者能共同統治少數強者，豈不是弱者比強者還要強？」朋友回答：「少數的強人無論如何都比烏合之眾強，因此應該由強人來統治。」蘇格拉底又問：「那麼強者要出來統治之前，是否要先管好自己？」朋友便回答：「強者自己就是正義，因此可以完全表現他的欲望和衝動！」對此，蘇格拉底便嘲笑說：「這顯然像是一個有漏洞的水桶，永遠不會滿足，如何會是幸福的？」最後朋友也不得不承認，這樣恃強欺弱、毫不節制的強者終究無法善終，甚至由於其靈魂失去平衡，死後還可能受到審判。如此一來，強權本身就不是正義，因為他仍將受到另一種法則的規範，而那一種法則才是正義。

追尋正義的真義

古希臘人所謂的「正義」原先是指「透過法庭的訴訟審判以取得應有的待遇」，之後乃引申有「認知並遵守法則」的意思。然而，智

者們認為所遵守的法則是主觀、相對的，以一己的利害為準；相反地，主張有不變真理的蘇格拉底雖不在對話中點明法則為何，但在與眾人歷經數度辯證、推論後，逐漸

啟示出確有廣泛、不受時空侷限的法則存在，猶待人們憑著愛智的哲學活動，進一步地自我省察、探求其真義，而非智者所主張的因時地而異、漫無準則的混亂狀態。

關於「什麼是正義」的討論

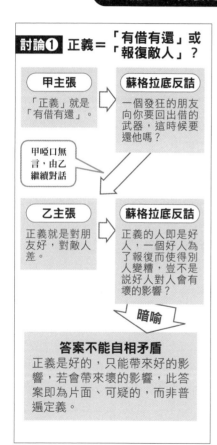

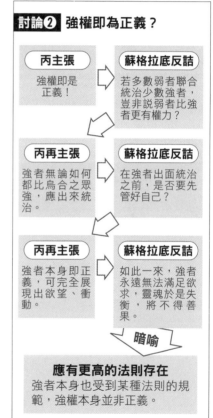

人人皆應進一步地藉由哲學思考省察該法則的真正意義。

雖然蘇格拉底未正面說出「什麼是正義」，但可藉由辯證的過程逐漸導出確有可一體適用於任何人、任何情況的普遍法則存在，該法則即為正義。

什麼是虔敬？

希臘每個城邦都有庇護神，人們的行為皆受神的律法所規範。因此對希臘人而言，「虔敬」是一項極為重要的美德，「對神是否虔敬」於是成為判斷某事當不當為的依據。認為一切事物均需經過檢視的蘇格拉底對於「何謂虔敬」也曾有一番討論。

起訴父親的案例

根據《歐伊提弗洛篇》對話錄記載，蘇格拉底在受審之前，於法院門口遇到朋友歐伊提弗洛要以殺人罪控訴自己的父親。因為他家裡的雇工與家奴起爭執，雇工殺了家奴，於是他父親便將雇工綑綁起來丟到溝渠中，不料雇工卻死了。父親認為這是讓一個殺人兇手死亡，所以並不以為意。歐伊提弗洛則自認是對神的律法虔敬的人，因此決定大公無私地去控告自己的父親，然而他的親戚們卻都認為這樣做反而是對神不敬。由於蘇格拉底本身也被控告「不虔敬」，於是便與歐伊提弗洛討論究竟虔敬是什麼。

討論「虔敬」的過程

歐伊提弗洛首先表示，虔敬就是公正地依法起訴任何犯罪的人，他並援引神話中宙斯懲罰暴虐的父親克洛諾斯的例子為證。但蘇格拉底隨後表示他不應該只是舉例，而應先找出「虔敬」的普遍定義，才能據此標準衡量所作所為是否虔敬，因而開始與歐伊提弗洛反覆詰問的過程。首先，歐伊提弗洛提出：「凡能取悅諸神的，就是虔敬，不能取悅的便是不虔敬。」蘇格拉底便反問：「諸神彼此喜歡的事物不同，豈不是說一件事可能是既虔敬又不虔敬的，因為某些神喜歡它，但另一些卻厭惡它？」因此，應該要在「取悅諸神即是虔敬」之上另找出一個諸神都能被取悅、更普遍的標準。這場對話並沒有結果，而以「一件事並非因為取悅了諸神才成為善的，而是因為它是善的，諸神才讚許它」的暫時結論告終。

蘇格拉底討論美德的特色

對話錄中對於各種美德的討論經常沒有具體結果，「虔敬」也是如此。但經由對話的過程，可歸結出三項蘇格拉底使用歸納論證方法探求美德時的特點：①他總是要求對話者不要用個別、片面的例子，而應試著提出涵蓋性更廣的定義，例如只回答「依法起訴犯罪者就是虔敬」是不夠的，而「行為受到理性的節制就是虔敬」則是更周延、更好的答案。②他也要求對方的主張必須完整而毫無破綻、不能自相矛盾，例如主張「諸神所喜愛的事情就是虔敬」表面上能自圓其

說，但在蘇格拉底的反詰之下，則會導出不同神的喜好不同，同一件事就會是既虔敬、又不虔敬的矛盾情況。③美德必定符合一定的秩序和規則，有著不因時空而移易的普遍定義，而非智者們所主張的只服膺相對、權宜的原則。在探討「虔敬」定義的過程亦啟示了「人事中存在著客觀的善，依善而行即能獲得諸神讚許」，而標舉出人應不懈地憑藉哲學的辯證功夫來掌握更普遍的美德，進而展現出美德定義、了解美德的真義、通往幸福的生活。

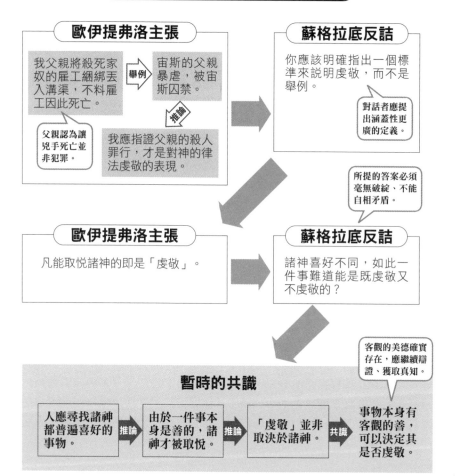

關於「什麼是虔敬」的討論

歐伊提弗洛主張

我父親將殺死家奴的雇工綑綁丟入溝渠，不料雇工因此死亡。

舉例 宙斯的父親暴虐，被宙斯囚禁。

父親認為讓兒手死亡並非犯罪。

推論 我應指證父親的殺人罪行，才是對神的律法虔敬的表現。

蘇格拉底反詰

你應該明確指出一個標準來說明虔敬，而不是舉例。

對話者應提出涵蓋性更廣的定義。

所提的答案必須毫無破綻、不能自相矛盾。

歐伊提弗洛主張

凡能取悅諸神的即是「虔敬」。

蘇格拉底反詰

諸神喜好不同，如此一件事難道能是既虔敬又不虔敬的？

客觀的美德確實存在，應繼續辯證、獲取真知。

暫時的共識

人應尋找諸神都普遍喜好的事物。 → **推論** → 由於一件事本身是善的，諸神才被取悅。 → **推論** → 「虔敬」並非取決於諸神。 → **共識** → 事物本身有客觀的善，可以決定其是否虔敬。

蘇格拉底對後世的影響

儘管歷史上的蘇格拉底的真正面貌無法確定，留給後人許多謎團，然而可以確定的是，蘇格拉底自稱沒有智慧而只是與智慧為友、出於虔敬的渴望而去追求智慧，最後堅持真理而死得其所，這種種事蹟皆成為後世追求哲學的典範。

謙卑地追求真理的典範

蘇格拉底追求真理的態度和方式可謂驚世駭俗，令當時人們大感意外且不解。蘇格拉底並非埋首於研究題材中獨自思索，而是在承認自己無知的情況下，對人們不斷地提出疑問和反詰，反詰的方式往往是透過反諷嘲弄，使得對方立刻發現自己的無知，並且深感羞愧；蘇格拉底如此極端地使對話者面對自己的無知，卻又絲毫不教導什麼才是真理，甚至往往在發表了意見之後，隨後又推翻了自己的想法，除了表現出自己真的無知之外，更令人感到他刻意地避免教導別人要怎麼想。蘇格拉底這種一方面渴望真理、另一方面在追求真理的活動中又令人捉摸不定的特色，在柏拉圖早期對話錄的描寫中，展現為一個個沒有結論而繼續啟人疑竇的談話結果。

然而，蘇格拉底真正的哲學性格卻也透過這樣怪異的方式凸顯出來了：人不能擁有真正的智慧，並且真正的智慧也不能透過他人的教導而取得；相對地，人只能透過自己實際追求的活動，去追求智慧、企圖更接近智慧。由此形成了西方哲學與文化長久以來的一個基本方向：真理是人生命的目的，然而人陷於肉身的限制，只能窮盡一生去接近這個目的，而永遠不能達成。正如當今的知識研究，無人敢宣稱自己已經知道宇宙一切的真理，而僅僅只是在不斷推翻與創新中取得進展、慢慢接近真理的全貌。時時提醒自己是無知的，才能避免知識上的傲慢、透過對既有認知的懷疑來取得新的進展，這樣的精神或可說是蘇格拉底流傳至今而不衰的寶貴遺產。

提升人類抽象思考的層次

蘇格拉底對後世有具體影響的另一項成就，是亞里斯多德所記載的「以『普遍定義』做為哲學追求的對象」。在蘇格拉底之前，人們尚未有自覺地去為各種事物下普遍的定義，並且以事物的普遍定義做為知識。前人可能會將眼睛看到的情況當做知識，例如看到動植物繁殖都不能缺少水，就宣稱水是一切的根源，萬物都由水來、由水構成，這樣的研究並非完全是抽象

思考，而是依靠實際經驗所下的判斷。蘇格拉底以「普遍定義」做為哲學研究的對象，事實上已經開啟了後世純粹的抽象思考的開端。因為普遍定義無法通過感官而獲得，而必須透過抽象思考來為同一種事物下定義，藉以涵蓋每一個個別的同種事物（參見48頁）。

自此之後，人們開始正視在感官所能感知的具體事物的背後，還有憑藉理性思辨能力探求的抽象、普遍定義。後世藉此可以對萬物形成各種抽象的概念，進而更普遍、精細地理解一切萬物。如當今數學、物理學、生命科學等學科，在研究對象時必須先透過定義的方式來確定研究對象、或透過抽象化的方式來確定研究對象之間的性質和關係等等。這些都是抽象思考能力進一步的發揮和進展，而這種抽象化思考最早的里程碑，可以說是蘇格拉底的研究。

蘇格拉底對後世的兩大影響

自知無知而求知

蘇格拉底自知沒有智慧，不斷向人們提問，反詰時對他人的答案大加嘲諷、又不直接傳授知識的內容，對話結果是沒有結論、應繼續思索。

自認有智慧的智者	自知沒有智慧的蘇格拉底
↓	↓
將能駁倒他人的說詞當做真理。 **vs.**	四處尋找、探求真正的知識。
↓	↓
收取酬勞、傳授雄辯術。	不直接教導知識的內容，留待個人思索。

影響

雖然愛好、渴慕知識，卻又無法全然擁有智慧，因此能摒除對知識的傲慢、透過對既有知識的思索、懷疑、推翻來接近真知。

啟發

謙卑求知的西方文化傳統

以普遍定義做為知識

並非以感官經驗所下的判斷做為知識；而是藉由抽象的思考為同一種事物找出一體適用的普遍定義，普遍定義才是真正的知識。

依靠感官經驗所下的判斷	透過抽象思考來為同一種事物下定義
↓	↓
感官經驗會不時變動、並非恆久適用	具有普遍的涵蓋性、恆久適用於該種事物
↓	↓
不是知識	**真知識**

影響

知識的層次由不時變動的感官經驗，提升至藉由理性思考才能探求的抽象定義。

啟發

以純粹的抽象思考來理解萬物

柏拉圖①：
寧靜的真理之光

柏拉圖繼承蘇格拉底尋求永恆美德真理的哲學途徑，並且擴而大之，從人倫真理延伸至探求自然萬物生成變動的根本原因。柏拉圖提出以永恆不變動的真理「相」做為恆常變動感官對象的原因。「相」即是柏拉圖所認可的真正知識，這種真理必須透過內在的心智能力而來，將心靈從虛妄的對象轉往真實，而不是通過教導。

- 柏拉圖的「對話錄」有何特色？該如何閱讀？
- 柏拉圖所接手的古希臘時代哲學難題是什麼？
- 柏拉圖如何解釋變動的感官對象與不變的思想對象之間的關係？
- 感官經驗和判斷為何不能做為「知識」？
- 什麼是「相」？設定「相」在知識的追求上有何意義？
- 柏拉圖如何以「線的比喻」來說明認知對象與認知能力的層次高下？
- 「穴的比喻」的寓意為何？何謂「心靈的轉向」？
- 柏拉圖如何自我批判「相論」？

柏拉圖其人其事

蘇格拉底以追求普遍定義來對抗智者們「沒有絕對道德真理」的主張，而柏拉圖則進一步設定「相」為普遍、永恆的真理，並且試圖透過「相」的理論來對人的倫理關係及自然世界的諸多現象做出有系統的解釋，促使希臘哲學進入了體系化時期。

柏拉圖的生平概略

柏拉圖約在公元前四二八年誕生於雅典的政治世族，相傳他的祖先即是制訂了雅典法律的希臘七賢人之一索倫。柏拉圖本來名為「亞理斯多克列斯」，後來因為體格雄健而被稱做「柏拉圖」，此名帶有「廣闊」之意。

柏拉圖年輕時便接受傳統教育的栽培，有志於成為政治家。他也曾學習繪畫、詩詞、以及悲劇創作。柏拉圖的文才極高，但有一次他寫完一部悲劇準備發表演出時，在市街上偶然遇到蘇格拉底，相談之後，他嘆然將悲劇作品燒掉，從此追隨蘇格拉底進行哲學活動。蘇格拉底以身殉道後，柏拉圖被迫流亡。隨後他遊歷各地，結識了美加拉的數學家歐基里德、以及畢達哥拉斯學派的哲人等，這些研究數學與幾何學的重鎮對柏拉圖產生深遠的影響，數理研究對象在他的哲學中始終占有重要地位。公元前三八八年左右，他曾到位於義大利西西里的敘拉古城邦，想實現政治理想卻得罪了君王，竟被當做奴隸販賣，幸好朋友將他贖回。幾次的政治不得志，柏拉圖於是便專心在雅典的阿卡戴米亞（Akademia）研究與講授哲學，直到約八十歲過世。「Akademia」乃成為西方人「學院（Academy）」一詞的由來。

超脫塵世表象的柏拉圖

柏拉圖所處時代的智者們將瞬息萬變、甚至自相矛盾的感官經驗當做追求永恆真理的途徑，相對地，柏拉圖認為，要尋找普遍、永恆的真理，只有由感官之外的思想層面著手，以理性的思考來判斷、辨別。比方說，在感官中呈現的許多千差萬別的「圓形」，有大有小、有黑有白，形象繁多而雜亂，只有藉由理性掌握了諸多表象之後「圓形」不變的共通性──圓形是由中心到周界各點有相同長度的圖形──才能分辨得出所見所聞的諸多形象確實是「圓形」，無論外觀如何變動，其共通性永不改變。獨立於感官經驗之外的不變共通性，才是柏拉圖所設定的真正的知識、永恆的真理，即「相」（或譯做「理型」、「共相」、「理念」、「觀念」）。

由於柏拉圖洞徹感官世界諸多現象的虛妄不實，轉向以理性的哲學活動尋求真正值得追求的真理，將世人的眼光由五光十色、變幻莫測的個別短淺表象帶往普遍、永恆的思想世界，使得哲學研究的內容也由具體事物的觀察提升至抽象觀念的探索，因此許多人稱柏拉圖的哲學是「觀念論」，而柏拉圖則是「觀念論的鼻祖」。

感官世界vs.理想世界

永恆不變的理想世界

每一個感官對象在人的觀念中都各自相對應、永恆不變的「相」。例如觀念中的人、馬、三角形、圓形…等。

人的靈魂所嚮往的神聖世界

靈魂脫離肉體的擾亂，處於完全和諧、自由的狀態。

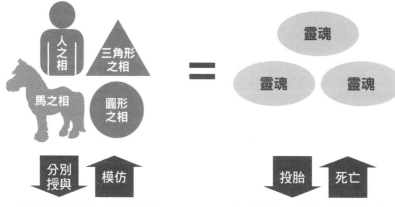

變動不居的感官世界

人所見所聞、可感知的感官對象，包括山、川、大地、蟲、魚、鳥、獸，以及感官對象抽離出的幾何圖形…等。

人的靈魂所處的肉體世界

靈魂深受來自肉體的欲望所干擾，無法和諧。

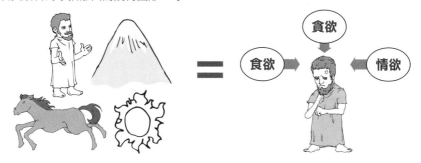

柏拉圖「對話錄」的特色

柏拉圖流傳給後世的作品，即是著名的三十五篇對話錄以及一部書信集。「對話錄」基本上是以各種議題的討論來訓練哲學思考，藉以追求美、善和真理。議題所涉及的領域十分廣泛，包括倫理、法政、教育、藝術……等等，對哲學之外的其他學科也提供了許多思想上的資源。

用來招生的「對話錄」

「對話錄」是記錄柏拉圖哲學研究的巨作，但諷刺的是，「對話錄」卻可能不直接代表柏拉圖本人的思想。因為，柏拉圖在學院中實際研究與講授的內容並未出版，甚至被視為柏拉圖學院的「密傳學說」。事實上，「對話錄」主要的寫作目的是將哲學公開引介給大眾，吸引其進入學院進行哲學討論，因而以當時盛行的悲劇劇本形式寫成，並且在學院中公演對話錄的片段供群眾欣賞。因此，「對話錄」究竟能否代表柏拉圖學院內實際研究的內容，是有疑問的。此外，後人亦曾在一些記載著學院內教導的轉述斷簡中發現，有些內容與「對話錄」給人的印象大為不同。但是，無論「對話錄」能否直接代表柏拉圖自己的主張，至少能當做柏拉圖哲學探索歷程的一部分，帶來哲學思維上的刺激，因此仍然擁有不可抹滅的研讀價值。

「對話錄」的定位

現今所流傳的柏拉圖哲學絕大多數都是根據「對話錄」。現今大多將「對話錄」定位為：①柏拉圖用來引介群眾入門的「哲普書籍」：歷代的學者在編纂文獻時，陸續把三十五篇「對話錄」加上一篇書信，以四篇一組的方式分為九部，這四篇大致上是由淺入深、循序漸進的關係，可做為學習哲學的教材。②柏拉圖階段性的思想成果：「對話錄」的內容約是在四十年之間寫成的，柏拉圖可能在某一階段對某一議題的探究尚未得到結果、也可能在這四十年內經歷了思想上的轉變，甚至推翻了自己早先的想法。因此，其中有不少篇是討論某一議題而最後沒有結論的，也有在某篇如此主張，而到了另外一篇卻對該主張提出質疑。這不宜視為柏拉圖的主張自相矛盾，而毋寧是階段性思想結果的記錄。

「對話錄」的分期與思想

一般而言，依照討論的題材與主張上的差異，「對話錄」可以分成三個時期：

①早期作品：是柏拉圖約四十歲以前、還深受蘇格拉底哲學活動影響時所寫作的，除了某些作品可

「對話錄」的內容及分類

學院將哲學引介給大眾

將哲學議題撰寫成悲劇劇本，並在學院中公開演出。

悲劇公演

「對話錄」寫成

各劇本集結成「對話錄」，成為後人研讀柏拉圖思想的主要參考文獻。

理想國篇

斐多篇

「對話錄」的分類

內容由淺入深，可做為哲學的學習教材。

- 現存內容包括三十五篇及一部書信集。
- 以四篇一組的方式分為九部。四篇的內容是由淺入深、循序漸進的關係。

第1組
- 《歐伊提弗洛篇》
- 《蘇格拉底自辯篇》
- 《克里托篇》
- 《斐多篇》

第2組
- 《克拉提婁斯篇》
- 《泰阿泰特斯篇》
- 《智者篇》
- 《政治家篇》

第3組
- 《巴門尼德斯篇》
- 《菲勒柏司篇》
- 《饗宴篇》
- 《斐德洛斯篇》

第4組
- 《歐提德莫斯》
- 《普羅塔哥拉斯篇》
- 《高爾基亞斯篇》
- 《美諾篇》

第5組
- 《特阿格斯篇》
- 《卡爾米德斯篇》
- 《拉克斯篇》
- 《呂西斯篇》

第6組
- 《阿其比亞德斯第一篇》
- 《阿其比亞德斯第二篇》
- 《希帕可斯篇》
- 《安特拉斯特篇》

第7組
- 《希比亞斯第一篇》
- 《希比亞斯第二篇》
- 《伊翁篇》
- 《美涅謝諾斯篇》

第8組
- 《克萊托風篇》
- 《理想國篇》
- 《提邁歐司篇》
- 《克拉提亞斯篇》

第9組
- 《米諾斯篇》
- 《法篇》
- 《埃披諾米斯篇》
- 《埃披斯托萊篇》

能是忠實記載蘇格拉底活動事蹟，其他的也都仿照蘇格拉底的追問方式來寫作，對話末了都並未提供結論，而是帶出令人疑惑的開放性結果，引人進一步思考。例如，《自辯篇》忠實記述了蘇格拉底在法庭上的答辯內容，《歐伊提弗洛篇》則是仿照蘇格拉底式的方式討論「虔敬」而未有結論。

②中期作品：約在四十歲到六十歲之間，柏拉圖開始嘗試超越蘇格拉底的影響，從蘇格拉底的辯證詰問以求得美德真理，到進一步地提出了「相」的設定，把「相」的探求當做論證人事倫理以及自然萬象真理的方式，甚至進而為「相」建立一套完整的學說和體系。例如：以「相」來證明靈魂不朽的《斐多篇》，以及著名的談論正義、城邦政治和哲學教育問題的《理想國篇》。

③晚期作品：約在六十歲至八十歲，柏拉圖對中期的「相」論開始進行反省和自我批評，援引畢達哥拉斯學派「數」的學說，以數理原理做為解決「相」所帶來困難的媒介。例如：哲學史上著名的艱澀作品《巴門尼德斯篇》進行了對「相」論的諸多批評和嘗試解答，《提邁歐司篇》則是嘗試用數理的方式來解釋世界的起源、以及解決抽象的相與感官事物之間關係的問題。

閱讀「對話錄」的注意事項

　　閱讀「對話錄」時應注意的是，柏拉圖的討論方式是不輕易下結論，而是在對話過程中容許出現許多暫時性的假設，並且對其詳加討論；因此須費心從前後文、以及談論的語氣去釐清究竟哪些主張是被接受的、哪些不是；以及各個主張在對話中扮演什麼角色，究竟是主要論證、例證、或是話引子。另一方面，以劇本形式寫成的「對話錄」中，經常出現反諷、嘲弄等戲劇化的表達效果，很容易混淆究竟柏拉圖是主張如此、還是反對如此。因此，應該掌握前後語氣脈絡，細心分辨究竟什麼主張只是柏拉圖暫時性的假設，暫時性的假設是如何被檢驗的；以及什麼是他實際上想要反駁或推翻、什麼才是他認為比較可靠的答覆，才能判讀出字裡行間的諷喻意義，而不致產生誤解。

柏拉圖①：寧靜的真理之光

「對話錄」的三個寫作時期

主要特色	篇名
早期作品 大約20～40歲	● 以忠實記述蘇格拉底言行為主。 ● 籠罩在蘇格拉底的影響下，研究主題以倫理對象為多。 ● 如同蘇格拉底一般，討論問題時採用追問的方法，且皆以無結果收尾。	● 《蘇格拉底自辯篇》 ● 《克里托篇》 ● 《普羅塔哥拉斯篇》 ● 《歐伊提弗洛篇》 ● 《拉克斯篇》 ● 《卡爾米德斯篇》 ● 《呂西斯篇》 ● 《伊翁篇》
中期作品 大約40～60歲	● 逐漸超越蘇格拉底，設定「相」做為進一步研究的憑藉。 ● 「相論」逐漸成形，成為一套可以解釋自然界事物、道德倫理、國家的完整學說體系。 ● 討論問題時已有異於蘇格拉底，做出較多正面的答覆。	● 《高爾基亞斯篇》 ● 《美諾篇》 ● 《希比亞斯第一篇》 ● 《希比亞斯第二篇》 ● 《克拉提婁斯篇》 ● 《歐提德莫斯》 ● 《美涅謝諾斯篇》 ● 《饗宴篇》 ● 《斐德洛斯篇》 ● 《斐多篇》 ● 《理想國篇》
晚期作品 大約60～80歲	● 開始對「相論」做反省和檢討，引入數理原理來探討「相」與感官事物之間的關係。 ● 較多著墨於法政和歷史的議題。 ● 逐漸以陳述主張的方式取代對話式討論。	● 《泰阿泰特斯篇》 ● 《巴門尼德斯篇》 ● 《智者篇》 ● 《政治家篇》 ● 《菲勒柏司篇》 ● 《提邁歐司篇》 ● 《克拉提亞斯篇》 ● 《法篇》 ● 《第七封書信》

註：「對話錄」中某些篇被考證為後人的偽作，故未列入。

哲學難題：追求不變的真理

古希臘自然學家試圖在變動的自然界萬物中尋找不變動的原因，如泰利斯主張萬物起源於單一原因——水，恩培多克利斯則主張由地、水、火、氣四大原因所混成。然而，縱然提出了原因，自然學家仍無法有力解釋不變的原因與紛陳的萬物如何共容？之間的關係又是什麼？這一切都有待後人進一步探索。

永恆的原因vs.無時無刻的變動

古希臘人已發現，感官所察覺到的一切事物都處於變動中，因此，在這一刻感官所察覺的一切事物，不必然適用於下一刻所察覺的內容。例如人經常在這一刻感到冷、下一刻卻感到熱；即使是置於桌上、貌似靜止不變的蘋果，仔細觀察之下也會發覺衰朽、腐壞……等細微的變動。因此，根據感官並不能找出普遍的真理或知識。既然是真理，必然是不限於一時一地，而能放諸四海皆準、普遍地適用於任何狀況下，做出有效的解釋。因此，萬事萬物生成、變動的「原因」必然不是感官所能感知的事物，因為感官能感知的事物必然有偏限性，不具普遍性，當然也就不是絕對的真理。但是，若變動的「原因」非感官所能感知，那又是什麼呢？人們又要如何覺察真理呢？而「原因」又如何生成自然萬物、如何與萬物產生聯繫呢？

柏拉圖之前的解釋

對於感官所感知的對象總是不斷變動，而「原因」又必須是永恆不變的問題，在柏拉圖之前約一百年，自然學家赫拉克利圖斯與伊利亞學派的巴門尼德斯曾提出兩個極端的主張。赫拉克利圖斯承認感官所感知的所有事物都是真實的，並且無時無刻不在變動，因此否認有任何固定的組成原因；相對地，巴門尼德斯則根據真理的要求，只承認不變動的事物是真實的，而否定一切處於變動中的感官對象，只將萬物的變動、消長當做幻象。於是，這個問題便演變成若關注萬物的變動，則要如何尋求永恆的真理；若專注於永恆的真理，又該如何解釋萬物的變動，這個兩難使得哲學陷入僵局。究竟恆處於感官對象變動中的感官對象，是否能與真理相容？如果要掌握真理，是否就必須捨棄感官對象？是否只能在「變動的感官對象」與「不變動的真理」中二擇一？這個懸而未解的難題尚待哲學上的後起之秀來解答。

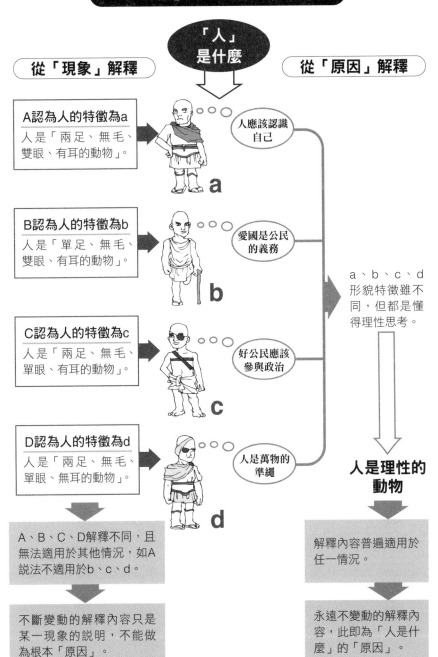

「現象」與「原因」的不同

「人」是什麼

從「現象」解釋

從「原因」解釋

A認為人的特徵為a
人是「兩足、無毛、雙眼、有耳的動物」。

a

人應該認識自己

B認為人的特徵為b
人是「單足、無毛、雙眼、有耳的動物」。

b

愛國是公民的義務

C認為人的特徵為c
人是「兩足、無毛、單眼、有耳的動物」。

c

好公民應該參與政治

a、b、c、d
形貌特徵雖不同，但都是懂得理性思考。

D認為人的特徵為d
人是「兩足、無毛、單眼、無耳的動物」。

d

人是萬物的準繩

人是理性的動物

A、B、C、D解釋不同，且無法適用於其他情況，如A說法不適用於b、c、d。

解釋內容普遍適用於任一情況。

不斷變動的解釋內容只是某一現象的說明，不能做為根本「原因」。

永遠不變動的解釋內容，此即為「人是什麼」的「原因」。

79

探求真理的另一蹊徑——心智

對於前人無解的難題，柏拉圖努力使得原因不空懸於萬物之上、萬物不隔絕於原因而成為不可解；因此他藉由蘇格拉底之口，宣告了之前哲學家們的努力為失敗的第一次航行，而現在，他以「心智」做為探究的新起點重新出發，稱為「第二次航行」。

拯救現象

赫拉克利圖斯和巴門尼德斯雙方的主張，使得自然學的研究陷入僵局。如果如巴門尼德斯所言，唯有存在於思想中、永恆不變的真理才是真實的事物，一切感官對象的運動變化都是虛假的幻象；如此，出現在生活周遭、變動不居的萬物就只是一種幻象，人們就無法、也無須理解變動的萬物了。另一方面，赫拉克利圖斯認為萬物皆處於生滅無常的流變中、沒有固定不變的「原因」，人們也就不可能掌握變動的萬物中蘊藏的永恆、有序的真理。古希臘哲學發展至此，原本人們能由切身的經驗世界開始，逐漸轉向覺察真理、憶起真理，進而跨入掌握真理、全盤了解周遭萬物變化原因的觀念世界，但這兩種主張卻導致所有哲學研究的起點——現象被摧毀，也就會使人們終究因無法理解萬物變動而落入無知的窘境。為了避免這種情況，柏拉圖必須嘗試挽救那些變動的感官事物，使它們不被認為是不可理解的幻象。因此，他採取一種有別於之前自然學家們的創新研究方式，這被稱為柏拉圖的「第二次航行」，航行的目的可說是要「拯救現象」，亦即拯救感官對象。

心智是萬物的原因

柏拉圖進一步探究變動的現象與原因之間的關連時，為了避免「現象」與「原因」陷入二者不相容的僵局，柏拉圖另闢蹊徑從「心智」著手。其實，約早於柏拉圖半個世紀的阿納克薩哥拉斯便曾主張，「心智」是萬物運動變化的原因，宇宙萬物的變動之所以如此井然有序，是由於其中蘊含著一種非感官可察覺、屬於思想層面的「心智」促使變動規律地進行。蘇格拉底則是正式開啟「心智」的作用，摒除以感官探求萬物的原因，而是往理性的領域中去尋求、掌握倫理的普遍定義（參見48頁），也就是倫理規範——美德的真理。柏拉圖繼承了蘇格拉底以「心智」探求普遍定義的方法，範圍則是由探究人的倫理德行，擴及原屬於自然學家的研究對象——萬物，認為倫理對象之外的事物也有其恆常不變的真理。因此，要掌握萬物生成變動的根本原因，並非以肉眼去看，而是打開「心智之眼」去看。

建立現象與原因的關係

古希臘哲學難題

變動的「現象」

- **自然事物**
例如日月星辰、山川大地、動植物…等各種運動變化現象。

- **人事倫理**
例如各城邦不同的風俗習慣。

→ 如何形成？
→ 如何生成、使其變化？

不變動的「原因」

- **自然事物的原理**
例如事物的本質、運動變化的原理。

- **人事倫理的道理**
普遍的正義、勇敢、虔敬。

第一次航行

僅承認感官對象

赫拉克利圖斯主張，萬物皆不斷流轉、變動，感官所感知的內容即為真理。

↔ 形成僵局

僅承認真理

巴門尼德斯僅承認普遍適用的不變真理、否定一切感官對像的變動存在。

蘇格拉底以心智探尋人事倫理的原因

柏拉圖的第二次航行

①拯救現象

現象
人們切身可感的萬事萬物必須獲得解釋。

← 可解釋
→ 可覺察

真理
必須掌握不變的真理才能理解周遭變動的事物。

②引入「心智」來探索自然萬物的「原因」

蘇格拉底
以心智掌握人事倫理美德的原因。

運用 →

柏拉圖
以心智掌握自然萬物的原因。

感官經驗、判斷均非真正的知識

柏拉圖的新航向是以心智尋求萬物之中蘊含、不變動的真正知識（或真理），那麼，根據心智而來的知識會是什麼呢？這個課題的解答可以從《泰阿泰特斯篇》對話錄中對知識定義的討論中窺得。

「感官經驗即知識」的矛盾

在《泰阿泰特斯篇》一開始，對話者便主張赫拉克利圖斯式的見解：萬物永恆流變，像河流一樣，沒有一刻靜止，而用肉眼觀察所得、不時變化的內容即是萬物的真相。感官經驗就是真正的知識，追求不變動的事物則是徒勞無益的。因此，每個人的感覺對他而言都是真實的，例如甲剛從暖房走出戶外，乙從冷房走出，兩人來到戶外同一地點，甲將感到涼，乙將感到暖；根據這個主張就必須說，該地點對甲而言是涼的，對乙而言是暖的，兩者都是真的，因此該地點既是涼的又是暖的。

柏拉圖的嘲弄與反駁

同一個事物不可能同時具有兩種相反對立的性質，同一地點怎麼可能既涼又暖呢？上述主張的後果顯然是荒謬的。感官經驗經常充滿了矛盾的情況。例如：同一食物在飢餓時覺得好吃、在飽脹時覺得難吃；同一個人和螞蟻站在一起是高的，但和大象站在一起，卻又變成矮的……等。感官經驗必須因應不同情況而修改本身的內容，如此一來就不可能是永恆不變的。因此，感官經驗所提供的內容不能做為真正的知識，更遑論感官還經常會發生誤判的情況，例如錯看、錯聽、幻覺等。柏拉圖便因此開玩笑說，做此主張的人，豈不就是要承認當一個人睜開左眼、閉上右眼的時候，對面前的事物是既知道又不知道的？

什麼是「判斷」？

柏拉圖在證明了感官經驗不是真正知識之後，接著討論「判斷」是否能做為真正的知識。「判斷」是由理性來判定、辨別感官經驗的是非。例如，看到遠方有人，便下「判斷」說：「那是個女孩。」走近一看果然是個女孩，判斷結果是正確的，此時便是「真實判斷」。由於判斷是經過理性思考的結果，相較於看到什麼就認定什麼的感官、或是道聽途說而來的意見，更有可能接近知識；再加上如果一個判斷是真實的，似乎就有很好的理由說它就是知識。然而，柏拉圖認為，真實判斷仍然不足以稱為真正

柏拉圖①⋯寧靜的真理之光

為什麼感官經驗不是真正的知識？

| 同一時刻的同一樹蔭不可能既是熱的也是涼的。 | 一個人不可能同時是高的也是矮的。 | 同一個啞鈴不可能同時是重的也是輕的。 |

感官經驗充滿矛盾

感官經驗必須視情況而修正說法。例如，甲從冷氣房走出來，所以覺得樹蔭下很熱；而乙因從暖氣房走出來，所以覺得很涼。

感官經驗的內容 ≠ 真知識

的知識。

「真實判斷」不是知識

　　真實判斷縱然符合事實，具備真正知識的條件——確實不變，為什麼仍非真正知識呢？因為判斷即使是真實的，但卻有可能是透過不當的程序所下的判斷，使得結果恰巧是真實的罷了。舉例而言，在法庭上，有個被告是無辜的，但所有客觀證據都對他不利，因此有苦難言；如果是一絲不苟的審判，將會判他有罪。但是律師卻高明地煽動了法官的同情心，使法官判他無罪。在此時，法官所做出的「被告無罪」雖是符合「無辜」事實的真實判斷，然而法官所根據的卻不是客觀證據，而只是因同情所做的決定。就這一點而言，法官雖做了真實判斷，卻不是真的知道「被告無罪」的理由。因此，真實判斷儘管符合事實，但是若只擁有真實判斷，仍不足以說是擁有真正的知識。

柏拉圖的立場

　　「判斷」是經過了人思考後的結果，比起感官經驗而言，已經邁進了一大步。然而柏拉圖仍然在隨後的討論中否定了判斷等同於知識。因為人們做出的即使是真實判斷，但也有可能是錯誤的判斷過程所產生的恰好符合事實的結果。

會發生這種不恰當的判斷過程，乃在於人們並未真正掌握到該事實會發生的原因或理由，而僅根據本身單方面的了解來做出判斷，例如根據片面的感覺經驗、片面的意見等等。由此可以看出柏拉圖的立場為：使得事實得以如此的原因或理由，並不能從感官經驗尋找，也不是來自個人一時一地所下的判斷，而必須是一種藉由理性而來的對事物的完整掌握。因此，真正的知識至少應該具備「與感官經驗脫離」、以及「理性上對事物的完整掌握」兩項條件。

為什麼「真實判斷」不是真正的知識？

有一確實發生的事實
例如：一顆紅蘋果。

感官接收影像
例如：小明看到一顆紅蘋果。

藉由理性思考判定、辨別
例如：小明做出判斷。

結果正確
例如：小明的判斷符合事實。

真實判斷

 有一顆紅蘋果

答對了！

判斷方法、程序可能出錯的原因

例❶ 根據片面的感官經驗下判斷
例如：小明眼花看不清楚，只是憑模糊的影像判斷，而結果恰巧是真實的。

例❷ 根據片面意見下判斷
例如：小明並不確定，在經由他人告知「這是一顆紅蘋果」後覺得合理，才答出符合事實的答案。

不是「真的知道」
即使不是全面、透徹地了解某項事物，仍能做出結果正確的「真實判斷」。

真實判斷 ≠ 真知識

真正的知識：「相」

蘇格拉底所追求的是人事倫理的普遍定義；柏拉圖則將其求知的對象擴展至自然界的萬物。他認為，相對於所有變動不居、轉瞬即逝的感官經驗，以及囿於片面經驗、認識尚不全面的判斷；不受感官上差異所影響、永恆不變的「相」才是真正的知識。

「相」是同類事物的共相及本質

在同一類事物中，根據其視覺上之相似性，透過理性去抽象出來的形式便是「相」。以「人」為例，經驗世界中的人千差萬別，有年齡、性別、高矮胖瘦等外在特徵的不同，但從所有個別的人之中可辨認出一種普遍存在、始終不變的本質——人是理性的動物——這種個別的人的共相與本質就是「人之相」。「人之相」並非任何一個特定的人，而是普遍地適用於所有的人；無論經驗世界中的人再怎麼多樣化，「人之相」始終如一，因此，「人之相」才是真正永恆的知識。做為同一類事物共有本質的「相」可用以區別某類事物與不屬於該類的其他事物。

相＝○○自身

另一方面，「相」並非個別事物的某一局部，而是獨立存在、永恆不變的普遍本質，稱為「○○自身」，例如「美之相」即稱為「美自身」。以「美」而言，美女之所以美，並不是因為美女身上任一部分使然，而是因為擁有「美」的本質——「美自身」。如果「美自身」只是美女身上的一部分，那麼山嵐夕照也很

美，但夕照怎麼能擁有美女的某部分而被稱做美呢？反之亦然。因此，「美自身」是獨立於所有美的事物而成立的，它不屬於任何個別美的事物，而是所有美的事物共有的同一個美的本質。所以「美自身」就成了所有美的事物的「同名」。以此類推，柏拉圖將本質相同的事物之相，稱為「○○自身」，透過這樣的設定，便能夠根據「同名」關係稱呼、理解同類事物。

「相」先於學習存在於靈魂中

那麼，如何從同類事物中尋找出它們的「相」呢？柏拉圖認為，「相」先於所有的學習而存在於人們的心靈中。以「人之相」為例，人能在感官經驗的世界中，藉由「人之相」去辨認哪些是人、哪些不是，而非自任何一個具體的人身上經驗到抽象的「相」。因此「相」是與生俱來、源自於人內在的理性能力，而非從外在的經驗現象抽象得出。「相」的來源唯一的解釋是：尚未投胎時，靈魂便已認識了「相」，只是投胎後遺忘了，必須依靠自身靈魂中的理性部分，才能將原先已擁有的真正知識——「相」回憶起來，而非訴諸現

世的感官經驗。

「相」與經驗世界的關係

　　由此可知，「相」是人以理性完整地洞察和掌握萬物的本質做出，因而回憶起來的知識。例如：去觀照個別的人，從而發現人即是理性的動物，而人之所以有別於其他動物，正是因為擁有理性。又如去洞察萬事萬物的本質，發現萬物的運作如天體運行皆符合理性、秩序、均衡、和諧、完美，也就是「善」的原則，便得出

「善之相」是支配世界存在、運作的原理。因此，「相」與經驗世界的關係是：「相」是經驗世界的本質，經驗世界則是因為「相」而誕生。柏拉圖曾用「模仿」來代表兩者的關係。例如，個別的人是由模仿「人之相」而生成，世界上並沒有完美的人，因為完美的人的典範是只存在於思想層面上的「人之相」。「相」不但是最真實的、而且是最完美無瑕的，經驗世界中的所有事物，都是「相」不完美的仿造品。

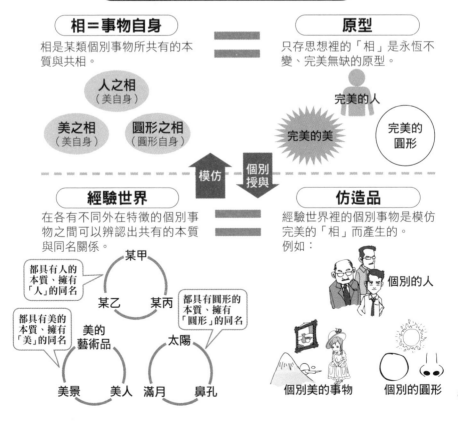

感官經驗vs.相

相＝事物自身
相是某類個別事物所共有的本質與共相。

人之相
（美自身）

美之相
（美自身）

圓形之相
（圓形自身）

原型
只存思想裡的「相」是永恆不變、完美無缺的原型。

完美的人

完美的美

完美的圓形

模仿　個別授與

經驗世界
在各有不同外在特徵的個別事物之間可以辨認出共有的本質與同名關係。

仿造品
經驗世界裡的個別事物是模仿完美的「相」而產生的。例如：

都具有人的本質、擁有「人」的同名

某甲

某乙　某丙

都具有圓形的本質、擁有「圓形」的同名

都具有美的本質、擁有「美」的同名

美的藝術品

太陽

美景　美人　滿月　鼻孔

個別的人

個別美的事物　個別的圓形

線的比喻：四種層次的認知

柏拉圖依照認知能力的高低將認知對象，由下往上區分成「可見的世界」與「可知的世界」，「可見的世界」包含了「相似的影像」、「可見的事物」二小類；「可知的世界」包含「數理對象」、「相」。愈往上層就具備愈高的確定性和普遍性、本身愈不發生變動，而愈能接近真理的要求。

線的比喻

在《理想國篇》對話錄中，柏拉圖以一條線段比喻不同的認識能力與認識對象；線段分兩大段：代表屬於感官經驗認識對象的「可見的世界」與屬於理性認識對象的「可知的世界」。再將「可見的世界」線段分為「相似的影像」、「可見的事物」兩小段；「可知的世界」線段再分為「數理對象」與「相」。「可見的世界」較「可知的世界」擁有更高的認識價值。

「相似的影像」

「相似的影像」是最低層次的認識對象，屬於可見的世界，但是卻比一般人們看見、聽見、觸及的東西，擁有更低、更不確定的真實性。舉例而言，在自然事物方面，如昏黃燈光下飄忽不定的暗影、水面模糊的倒影、遠方低鳴的聲響等等。這些事物比起一般清楚看見、聽見的事物而言，僅僅只是與事物確實的形象類似而已，只能推測「那團暗影似乎是隻貓」、「水面倒影似乎是人臉」、「那個聲響似乎是在呼救」，而且不同人所感受的也會不同。

同樣地，在人事倫理中，有些見解也只是「相似的影像」，例如捕風捉影的談論，政客顛倒黑白以辭藻打動人心，表面上聽起來似乎頗有道理，事實上卻不然。對應這種認識對象的認知能力即「想像」，也就是人們看到一件事物時，不加確實查驗，而只憑著自己的想像來妄下判斷、甚至用美麗的言詞來包裝。

「可見的事物」

另一方面，「可見的事物」指的是一般人所能感知的確實事物，屬於感官經驗世界中較高層次的認識對象。例如在恰當光源條件下絕大多數正常人都能看到的東西、清楚聽見的聲音等等，其普遍性較「相似的影像」為高。在人事倫理方面，「可見的事物」即為多數人所接受的意見與信念，例如對人要友善、賺錢才能幸福、高學歷高保障等等，一般而言，人們並不知道這些意見的原理，而只是跟從眾人的想法。因此，對應於這種認識對象的能力，就是「意見」。

「數理對象」

接著，處於「可知的世界」而與「可見的世界」相比鄰的即是「數理對象」。人們能夠透過抽象的推理過程，從「可見的事物」中得出數理對象，例如看到太陽的形狀而抽象得出「圓形」。然而，數理對象本身是獨立於可見的事物之外，例如肉眼見到的圓，沒有一個是百分之百的完美圓形，人們也無法畫出百分之百的完美圓形，但數理對象卻是「從圓心到任一圓周的距離完全相等、百分之百完美」的圓形。需注意的是，數理對象的成立必須符合特定的數理、幾何上的公設，由公設所推論出數理對象即是永恆不變的。例如，以位於平面為前提，三角形內角和為一百八十度、圓形的圓心到圓周距離相等。由於需先設定某些公設再進行推論，所以對應於數理對象的認識方式為「推證」。

「相」

此外，因數理對象的確定性並非出於自身，而是出於更高一層的認識對象「相」。唯有「相」才是世上一切事物的原型、無條件地具備永恆性，故為真正的知識；對應於相的認識方式即是「心智或知識」。哲學的目的便是用心智來掌握不受感官的差異或前提假設所影響、普遍適用的「相」。

線的比喻

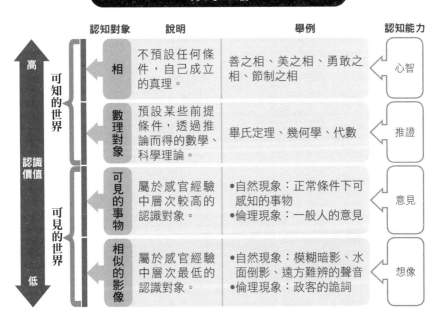

	認知對象	說明	舉例	認知能力
高／可知的世界	相	不預設任何條件，自己成立的真理。	善之相、美之相、勇敢之相、節制之相	心智
	數理對象	預設某些前提條件，透過推論而得的數學、科學理論。	畢氏定理、幾何學、代數	推證
認識價值／可見的世界	可見的事物	屬於感官經驗中層次較高的認識對象。	●自然現象：正常條件下可感知的事物 ●倫理現象：一般人的意見	意見
低	相似的影像	屬於感官經驗中層次最低的認識對象。	●自然現象：模糊暗影、水面倒影、遠方難辨的聲音 ●倫理現象：政客的詭詞	想像

洞穴的比喻：人追求真理之路

柏拉圖透過四個線段比喻認知對象的次序、確定唯有「相」為真正的知識；之後又藉著洞穴裡的囚徒的經歷，來譬喻人的靈魂由受肉體束縛、專注於虛妄事物的蒙昧狀態，轉向心靈解放、進而憶起真理的歷程。

囚徒的旅途

在《理想國篇》中，柏拉圖接著說了一個故事來比喻追求真理的路途。在一個昏暗的地下洞窟裡，漫長地道的盡頭，是一個囚禁人犯的房間。這些人犯從出生便被鐵鍊拴住，被迫坐著，臉部只能固定朝著一面牆。他們身後有火把，看管囚犯的人就在火把下活動，囚徒只能透過映在牆上的影子來辨認事物。直到有一天，其中一個囚犯忽然鬆脫綑綁，他轉身之後，才第一次發現火把的存在，以及那些人們和物品在火光下的面貌。隨後他走出地道，十分不適應地往洞口走。直到走出洞穴，才驚見世界是如此明亮耀眼，以至於眼睛幾乎要被刺瞎了。他慢慢適應看夜間景象、影子和水面倒影，乃至於能夠直視眼前的萬物，最後才舉頭望見光芒萬丈的太陽高掛於天上，認識一切事物得以被看見的最終極根源。

重返洞穴

那個囚徒看到了一切真實的面貌，以及一切真實的來源——太陽之後，本不願意再回去洞穴裡。

但是他還是返回洞穴將真相告知同伴。豈料同伴們聽了卻大笑而置之不理。他們認為這個囚徒一定是瘋了，明明牆上的那些黑影才是最真實的東西！又由於這個人原先習慣光亮的眼睛已經不能立刻適應昏暗的光線，顯得行動笨拙，於是更惹來同伴的嘲弄。同伴們繼續互相比賽誰最能分辨影子，而將優勝者賦予「智者」的稱號。這個人依然不死心，想要繼續勸服同伴時，他們開始覺得不耐煩，甚至認為受到侵犯，因此群起將他殺死了。

心靈的轉向

柏拉圖藉由這個故事訴說了哲學家一生的旅途與命運。一個人成為哲學家，是由像囚徒一樣被「想像」束縛於牆上的影子，而轉向火把下的人事物本身，亦即「意見」。隨後他走出象徵「可見的世界」的洞穴，走入象徵「可知的世界」的外界，經過痛苦的調適之後，逐漸看清楚事物的真實面貌，最後才能直視象徵一切知識的最高來源——善之相——的太陽。

洞穴寓言所譬喻的是心靈由

專注於虛假的事物，轉而去看一切真實面貌、真正認知真理的「心靈轉向」過程。心靈之所以能轉向，如果不是靠「神的恩賜」般地突然頓悟，就必須和像蘇格拉底這樣的人不斷地進行哲學討論；這個過程必定如同乍見火光和陽光般難以調適。故事也巧妙地譬喻蘇格拉底之死。值得一提的是，故事中所有一切都是由囚徒本人自己看見、發現的，沒有人教導他什麼，而只是囚徒在某一刻忽然卸下枷鎖、走出洞穴。「心靈的轉向」與蘇格拉底的「回憶說」相呼應，真理不是經由教導，而是經由轉向後回憶而來，否則留在洞裡的囚徒，就能藉由被告知而了解真理了。

柏拉圖的洞穴寓言

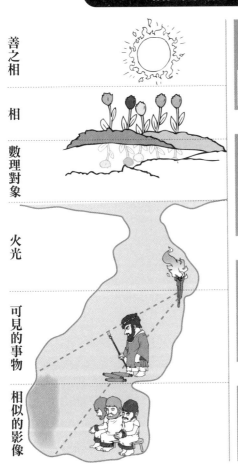

善之相

相

數理對象

火光

可見的事物

相似的影像

囚徒與同伴自出生即被束縛於洞穴。
處於「相似的影像」階段

囚徒被打開鎖鍊，並且被迫走出洞穴。
開始「心靈轉向」

囚徒逐漸適應火光及陽光下的事物。
進入「可見的事物」及「數理對象」階段

他終能直視太陽。
掌握「善之相」

回去洞穴告知同伴。
展現哲學家的使命

同伴不相信，並嘲笑他的笨拙。
呈現出哲學家與其社群的緊張關係

同伴殺死了他。
譬喻蘇格拉底之死

暗喻

人唯有透過心靈轉向，才能自行看到真理，真理無法經由教導而來。

柏拉圖對相論的自我批判

為了拯救現象，使得整個感官世界能夠獲得解釋與理解，柏拉圖在事物之旁設立了與之同名的、永恆不變的思想對象——相。然而，「相」與感官事物這兩種彼此分離的事物，究竟其間的關係是什麼，卻衍生了困難的哲學問題。

相與感官事物之間的關係

對於解釋「相」與感官事物之間關係的問題，柏拉圖嘗試以兩種方式來回答：①分有說：感官事物分享了相，只是不完美的「分有」，因此感官事物能夠與相同名，但不是相本身。例如，人分有「人的相」，美的事物分有「美的相」。②模仿說：感官事物模仿了相，同樣是不完美的模仿。然而，這兩種嘗試的解答，最後都被柏拉圖自己反駁了。

分有說的難題

「分有說」意味著事物和相之間具有某種交集。舉例而言，美的事物，例如美人，是由於分有了「美自身」，亦即「美之相」，因而成為「美」的。但是這種說法的困難在於：①既然相能被分有出去，這豈不是說，同一個相可以被分割成許多個部分，這顯然是荒謬的，因為人們可以分割感官事物，但是卻不能分割抽象的觀念。「美自身」就是一種無法分割的抽象觀念。②即使相可以被分割，那麼事物是整個分有相，還是只分有了一部分？若是整個分有，豈不是說思

想對象整個存在於感覺事物上，而能被看見、聽見、觸及？若是部分分有，則以美為例，美之相的「部分」是否不如美之相本身來得美，而一個美的認知對象怎麼能分有一個較為不美的部分而仍是美的？這是不合理的。因此，「分有說」似乎不能成立。

模仿說的難題

「模仿說」主張相並不實際被分有入事物中，而是事物模仿了相的樣貌。這是從中期的「對話錄」以來柏拉圖就確立的一種說法，但是到了晚年柏拉圖重新做了以下檢討：以美為例，美人是模仿美之相而成為美的，因此，具體的美人與抽象的美之相之間就具有一種相似性，那麼就必須再設立一個「美性」的相來解釋這種相似性；如此一來，美性和美之相之間亦是相似的，那麼是否要再設立另一個「美性乙」的相來解釋「美性」？接著，為了解釋「美性乙」與美之相之間的相似性，又必須再設立「美性丙」的相。如此一來，將還要繼續設立永無休止的「美性丁」、「美性戊」……，而

原本要解釋「美人與美之相」之間的關係，則永無確定的結果。

　　「普遍的相與個別的感覺事物之間的關係」是哲學史上被討論最廣泛、歷時最久、也最困難的議題之一。不但柏拉圖在對話錄中尚未得到完整解決，繼承這個問題的後代哲學家們也仍未找出完滿的解答。縱然如此，這些哲學討論的過程對於思辯能力的訓練極有幫助，因此仍具有不可抹滅的研讀價值。

相與感官事物之間關係的兩種解釋

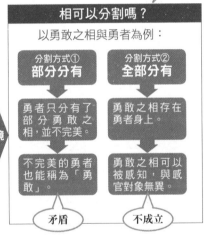

抽象的觀念是單一的，無法分割

相可以分割嗎？

以勇敢之相與勇者為例：

分割方式①
部分分有

分割方式②
全部分有

勇者只分有了部分勇敢之相，並不完美。

勇敢之相存在勇者身上。

不完美的勇者也能稱為「勇敢」。

勇敢之相可以被感知，與感官對象無異。

矛盾　　不成立

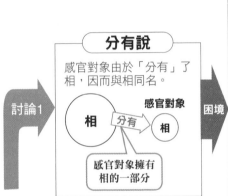

分有說

感官對象由於「分有」了相，因而與相同名。

相　分有　感官對象　相

感官對象擁有相的一部分

討論1　困境

「相」與「感官事物」如何並存的？

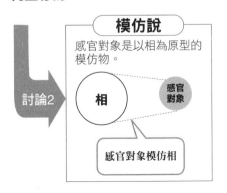

模仿說

感官對象是以相為原型的模仿物。

討論2

相　感官對象

感官對象模仿相

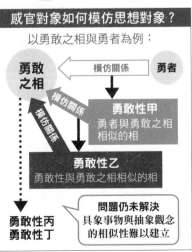

感官對象如何模仿思想對象？

以勇敢之相與勇者為例：

勇敢之相　模仿關係　勇者

模仿關係

模仿關係

勇敢性甲
勇者與勇敢之相相似的相

勇敢性乙
勇敢性與勇敢之相相似的相

**勇敢性丙
勇敢性丁**

問題仍未解決
具象事物與抽象觀念的相似性難以建立

柏拉圖②：
美善的靈魂

柏拉圖繼承蘇格拉底以理性為出發點，展開對萬物原因的研究，進而在變動的萬物之旁設立可以理性掌握、永恆不變的「相」，做為解釋的依憑，而理性是靈魂的一部分，因此靈魂的照護可說是柏拉圖思想的核心，小至個人、大至國家的靈魂，都經由其所提出的理想教育與政治制度得到完善的照護，最終趨向美、善的境界。

- 「靈魂」與「相」有什麼關係？
- 柏拉圖如何談論靈魂不朽？
- 柏拉圖如何談論靈魂與世界的關係？
- 國家由哪三種階級組成？分別對應靈魂的那個部分？
- 理想的國家政治與教育制度應該是如何？
- 什麼是「哲學家國王」？
- 「柏拉圖之愛」是什麼？柏拉圖如何談論幸福？
- 柏拉圖對後世哲學的影響是哪些？

追求不朽的靈魂

現代人可能會將「靈魂」想像成一種玄妙難解的事物，或是刻板印象中飄忽不定、半透明狀、可以附於身體上的東西。然而，對柏拉圖而言，靈魂並非虛無飄渺、非理性的想像，而是永存不朽的「生命的原理」。

柏拉圖思想的核心——靈魂的照護

柏拉圖承繼自蘇格拉底的觀點，認為人們必須以理性來探尋真理，但是，由於人心很容易耽溺於感官的滿足而忽略了生命原理——靈魂中的美、善，因此人必須將心靈轉向企盼真理，心靈轉向的關鍵便在於善加照護靈魂，使靈魂中的理性部分能駕馭欲求、意氣以達到和諧狀態。因此，靈魂的照護可說是柏拉圖思想的核心，愛智的哲學思考，即是以照護、陶養靈魂為目的。

柏拉圖認為，做為生命原理的靈魂必然是永恆不朽的，這也是談論靈魂的照護必須先確立的前提，否則靈魂就會隨著人的死亡而消失，而無法與永恆的美、善相結合了。在著名的對話錄《斐多篇》中，柏拉圖藉臨死的蘇格拉底之口，舉出數個關於靈魂不朽的證據。

靈魂存在於生、死兩種狀態

其中之一是從「生和死的相反關係」推論出靈魂在人活著時存在，在死後也不會消亡。柏拉圖筆下的蘇格拉底表示，兩種性質相反的事物必然是互相對照才能成立，例如，

「熱」和「冷」是一對性質相反的事物，因為有「熱」的存在，才能分辨出「冷」。因此，「熱」是來自「冷」、「冷」也是出於「熱」。同理，「生」和「死」也是一對相反的事物，如果沒有「死」做對照，就沒有所謂「生」可言；因此「死」是源自於「生」、「生」亦是出於「死」。由此可知，「死者」是由「生者」演變而成的另一種繼續存在的狀態，而非「生者」的消失、滅絕。由此，便可推論出靈魂並不會隨著人死而消亡，而是持續地存在。

靈魂不分有死之相

蘇格拉底再藉由完美的真理——相來推演另一個靈魂不朽的證據。由於靈魂是人的生命原理，因此靈魂可說是分有了「生之相」。一個事物若分有了某個相，就不能再分有與之相反的相，例如，某個勇敢的人分有了「勇敢的相」而被視為「勇者」，便不可能同時分有互為相反的「懦弱的相」，否則，此人就不應被視為「勇者」，而應是「懦夫」了。同理可知，靈魂分有了「生之相」而成為生命的原理，便不可能再分有與其相反的「死之相」。如此便能推演出分有

「生之相」的靈魂必然是永生不朽。

　　由此，人們不需畏懼死亡，因為死亡不是生命的毀滅，而是靈魂脫離肉體的狀態，靈魂可以藉死亡擺脫肉體束縛、進而追求真理；另一方面，人們不應再留戀於肉體感官的愉悅，因為肉體終會消亡，專注於不朽靈魂的照護才是根本之道。

靈魂不朽的兩個證據

證據① 靈魂存在於生、死兩種狀態

相反性質的事物因互相對照而存在。
例如：「冷」的感覺是因為有「熱」、生命的「生」也是因為有「死亡」做為對照而存在。

一對性質相反的事物，彼此具有相生的關係。
例如：「死」出於與其相反的「生」，「生」出於與其相反的「死」。

死並非靈魂的消亡，而是以另一種狀態繼續存在。

冷 vs. 熱
生 vs. 死

死出於生
生　　死
生出於死

生 死
死 生
靈魂

靈魂不因死亡而消滅

證據② 靈魂不分有死之相

「相」是絕無矛盾的真理。
例如：「勇者」具有「勇敢之相」，靈魂是人的生命原理，具有「生之相」。

一種事物不可能同時具有兩種相反性質的相。
例如：勇者具有勇敢之相，就不可能同時具有懦弱之相。

靈魂具有生之相，因此不可能亦具有死之相。

勇者 擁有 勇敢

靈魂 擁有 生之相

勇敢之相　相反　懦弱之相
分有　　　　　　分有
勇者　 ≠ 　懦夫
不可能同時分有懦弱之相　不可能同時分有勇敢之相

生之相
分有
靈魂
不分有
死之相
生命的原理

推論

靈魂不朽

● 靈魂在與身體結合之前便已存在，且不因肉體的死亡而消亡、毀滅。
● 人們不該畏懼死亡，死亡是靈魂脫離肉體的束縛而獨存的狀態。
● 人們真正應該費心照料的是永恆不朽的靈魂，而非肉體的愉悅。

世界的根源與靈魂

古希臘人認為，靈魂是不死、不朽的生命原理，也是變動事物之所以能呈現出一定的秩序、而非一團亂象的原因。凡是有秩序的事物都含有理性的成分，而理性又是靈魂的一部分，因此呈現出井井有條秩序的萬事萬物也應該蘊含靈魂。

因靈魂的理性而得知世界秩序

柏拉圖意欲強調，人靈魂中的理性成分是理解看似雜亂紛陳的萬物實則有一定秩序的根源。從感官所感知的一切現象，看似雜亂地出現、消亡，現象與現象之間並無常跡可循。人們之所以說萬物蘊藏著某些如潮汐變換、四季遞移的秩序，絕不是因為感官的感知所致，而是透過理性。例如，人們能掌握天體運行的秩序，絕非僅用肉眼去看天體的外觀、亮度、變動，而是必須在觀察之後，運用理性加以分辨、計算始能得知。

既然萬物能夠被人藉由自身的理性辨認出秩序來，就表示萬物之中並不僅有感官的成分，而是像人一樣含有理性的成分。然而，靈魂又是如何在世界源起初始被造入山川、草木、動物、人類等萬事萬物之中？柏拉圖在《提麥歐司篇》即藉由祖先索倫自埃及聽來的「亞特蘭提司神話」，戲劇性地說明世界的起源過程、以及靈魂成為萬物根源的原因。

萬物靈魂的由來

「亞特蘭提司神話」首先描述發源之初的世界分為永恆變動（感官感知的世界）以及永恆不變動（真理的世界）兩個部分，彼此獨立而互不相屬；直至工匠神德米烏格的創造，才將兩部分依據「善」的原則結合為一個完整、比例均衡的世界。德米烏格先依據數學的計算方式，將代表永恆變動的奇數數列、與代表永恆不變的偶數數列混合成「世界魂」，世界魂便成為永恆變動與永恆不變動兩部分的中間媒介。祂再繼續將世界魂依不同比例混合進各種事物之中，如此一來，世上萬物的組成中都含有靈魂的成分了。

從「亞特蘭提司神話」所表達的世界魂形成過程，似乎暗寓著世界以及萬物的起源、結構都是按照數學規律來設計的，唯有透過數學才能了解世界的秩序。數學對象一方面是抽象的理性對象，一方面卻也能解釋萬物變動的規律，因此「數」是永恆不變的相和永恆流變的萬物的中介，扮演著樞紐的重要地位。

世界的秩序與靈魂

亞特蘭提司神話

世界初始區分為兩部分

世界起源之初，萬物被區分成永恆變動、以及永恆不變動的部分，兩者獨立而互不相屬。

永恆變動　　永恆不變

世界起源

工匠神創造世界魂

工匠神德米烏格透過數學的計算方式混合出「世界魂」。

永恆變動的偶數數列　以善的比例結合　永恆不變的奇數數列

混成

世界魂

包含變動與不變的部分

世界魂分化為萬物的靈魂

工匠神再將「世界魂」與萬事萬物進行了幾次混合，「世界魂」因而分化成萬物中的靈魂。

世界魂 ＋ 世上萬物

形成

萬物中均具有靈魂

工匠神反省這些可見的事物，覺得沒有理性的事物並不比有理性的更美，而理性不可能在缺乏靈魂的東西中出現。

靈魂賦予世界秩序

萬物皆含有人的理性所能認識、覺知的秩序，如天體有序地運行、四季有序地遞移。

萬物靈魂　　　　　　人的靈魂

表現為　　　　　　表現為

萬物變化的秩序 ←可覺知← 理性思辨

靈魂的三個部分與其美德

承續了蘇格拉底的精神,柏拉圖亦認為人們應關注的,並非肉體與財富,而是照護靈魂使之認識真理,才能達到最美、最善的成就,進而擁有幸福生活所需的一切。在《理想國篇》中,柏拉圖便談論了人理想的靈魂狀況。

靈魂的三個部分

對人的日常生活行為進行觀察,可以發現人的活動和反應有許多面向,既有理性、也有非理性的成分。一般人往往受到非理性成分的影響,而做出不合宜和逾越尺度的事,造成不好的結果。為了分析人的行為、以及說明如何讓人的各種活動能夠彼此協調均衡而達到正義與幸福,柏拉圖將靈魂依據不同的功能區分為三個部分:因應生理需要的「欲求部分」、因應情緒衝動的「意氣部分」,以及能夠獨立思考、判斷的「理性部分」,進而提出照護之道。

欲求部分

「欲求」是最為一般人所熟悉的、也是柏拉圖認為層次最低的生理反應部分。欲求是日常的生理需求,例如飢餓時會想吃、品嘗美食時產生的愉快情緒、回想時產生想再吃的欲望;此外還包括了愛慕他人的欲求、休閒娛樂的欲求;甚至於欲將他人之物據為己有的欲求⋯⋯等。其中,有些欲求是生存所必須,並非本身就是不好的,但若是欲求過多而逾越了應有的限度,便會鑄下錯誤。因此,欲求應被適度約束、才能使靈魂有秩序地運作。欲求部分所能成就的美德便是「節制」,人們應該善用理性來權衡各種欲求的滿足、以符合恰當的程度,而不放縱欲望任意而為。

意氣部分

另一方面,有別於欲求的意氣,指的是衝動難抑的情緒,比方說,有個人到市場看人犯被斬決,他的理性告訴自己不應看,因為有害靈魂的安寧,他的欲求部分雖感到很難受而想立刻逃開,但最後他卻忍不住衝動而看了,這就是出於意氣的決定。意氣的層次高於僅止於滿足物欲的欲求部分,可以展現生命的強韌、有助於人追求榮譽與高尚的事物,但是如果過分發展,也可能變成好勇鬥狠或是兇殘。因此,意氣也應該接受理性適當權衡的管制,將其導向對榮譽的追求,以成就「勇敢」的美德。

理性部分

最後,靈魂中最高的部分,就

是理性。理性可以不受欲求、意氣的影響，而獨立去掌握真、美、善的事物。柏拉圖將靈魂比喻為前行的馬車，理性如同駕車者，必須駕馭意氣、欲求這兩匹馬。意氣是匹容易駕馭的好馬、而欲求則是難馴的劣馬，理性所扮演的角色乃在於讓好馬幫助自己、並且壓制劣馬，使牠們能將車拉得又穩又快，並朝正確方向前進。理性部分所成就的美德，即是「智慧」，不懈地追求智慧，就會了解如何恰當地管制意氣和欲求。當靈魂擁有欲求所成就的節制、意氣所成就的勇敢、理性所成就的智慧三種美德時，就是最善、最正義的，靈魂這輛馬車才能跑得最快、最穩健。

靈魂的三個部分

靈魂的中間層次

意氣部分

- 意氣是一般的衝動、愛好榮耀、不甘心、憤怒等情緒。
- 意氣所成就的美德為「勇敢」。

協助

管制

靈魂的最高層次

理性部分

- 理性是能夠獨立地判斷什麼是美、善與正義的能力。
- 理性所成就的美德為「智慧」。

靈魂的最低層次

欲求部分

- 欲求是生理機能反應的需求以及來自感官的欲望。
- 欲求所成就的美德為「節制」。

管制

使靈魂趨向和諧
進而達到至善的境界

國家的三個部分

希臘人認為個人與城邦的關係密不可分，不但個人生活有賴於城邦社群的分工合作才能維持，個人也必須在城邦中接受文化的教導，才能夠促進靈魂的美德，進而獲得幸福的生活。在《理想國篇》中，柏拉圖在談論個人的靈魂之後，接著談論國家的正義與幸福。

欲求部分與生產階級

柏拉圖認為，國家即是個人的放大，國家的靈魂也可以對應個人靈魂的理性、意氣、欲求三個部分而區分為三個階級：統治者、衛士階級、生產階級。首先，與欲求部分相應的即為由鐵質料所造、維持國家基本生計的生產階級，猶如個人滿足基本生理需求以維持生命一般，國家應依照需要與個人才幹、稟賦，分工為農、牧、工、商等職業，來維持國家日常所需。生產階級的職責為勤奮工作以提供國家的生計需求，在統治者的領導下節制個人的欲求，幫助國家往善的方向前進。生產階級可適度保有工作所得為私人財產的累積。

意氣部分與衛士階級

與意氣部分相應的即是衛士階級。由銀質料所造的衛士階級是國家的保衛者，其特質為崇尚名譽、勇敢與正確的判斷力，職責為保衛家園抵禦外侮，為國家取得榮耀，應如同忠犬一般分辨友、敵，對主人盡忠職守，對敵人則毫不留情。衛士階級的生活大小事都由國家安排，自小離開父母由國家接管，依序接受體能、音樂、數學以及哲學等教育，並且編入軍隊中，四處服役以接受磨練。

衛士階級與生產階級不同的是，為了避免欲望干擾了靈魂的高貴，衛士階級必須過著集體的共產生活，不得保有財產。更有甚者，為了保有純淨的血統，連婚姻也由國家指定，孩子出生後交由國家扶養以維持階級品質。

理性部分與哲王

柏拉圖理想中統治者的產生，是從衛士階級中選拔優秀者，給予哲學教育，使其能夠認識真正的善，並且投入實際政治事務中歷經各種磨練；最後選出最傑出的哲學家來擔任國家元首，這就是柏拉圖著名的「哲學家國王」理想。國家中最高層次的哲學家統治階級相當於靈魂中的理性部分。

由金質料所造的哲王，職責是為國家指出正確的通往善的道路，並且管理生產與衛士階級，引導他們各司其職、各盡其能，使國家的各部分能平衡有序。另一方面，在哲王的身上，可以印證哲學活動才是人類所要從事的最高活動，也是

實際能為全人類帶來幸福的活動。當哲王退位之後，將移居祝福之島安享天年，取得如神一般的地位，人們可製作哲王的雕像加以崇拜。

這意味著，從事哲學活動的人因為智慧的光耀而脫離不完美的人格，分享了完美的神性。

國家的三個部分

人的靈魂
- 理性
- 意氣
- 欲求

三部分的和諧即為至善。

放大為

國家的靈魂
哲學家統治者
衛士階級
生產階級

三部分若能各司其職，國家即可朝向善發展。

哲學家統治者
衛士階級
生產階級

由黃金質料所製造

哲學家國王
- **呼應** 人靈魂的「理性」部分，美德為智慧。
- **職責** 管理生產、衛士階級，引導眾人朝向正義與幸福的方向前進。
- **產生方式** 由衛士階級中甄選，優秀者予以哲學思辨教育，其中最傑出者擔任哲王。
- **特徵** 代表智慧光芒的哲王體現了研究哲學能為全人類帶來幸福。

由鐵質料所製造

生產階級
- **呼應** 人靈魂的「欲求」部分，美德為節制。
- **職責** 維持國家基本的生計營運，從事農牧手工藝等各種職業。
- **產生方式** 生產階級互相通婚以保有靈魂的純粹，由國家決定職業，生產階級需安命守分。
- **特徵** 為激勵生產階級勤奮向上，可擁有私人財產。

由銀質料所製造

衛士階級
- **呼應** 人靈魂的「意氣」部分，美德為勇敢。
- **職責** 保衛國家、抵禦外侮。要像忠犬一樣對朋友溫柔，對敵人兇狠。
- **產生方式** 衛士階級互相通婚以保有靈魂的純粹。自小接受體能、音樂、哲學教育及軍事訓練，養成衛國能力。
- **特徵** 過著集體的共產生活，不擁有私人財產以防止自私與貪婪。

103

理想的國家與其教育

有別於近代以來主張國家功能主要在維持公共領域秩序、對於私人領域行為應採放任態度的保障「基本人權」與「自由」的立場，希臘人認為，國家除了保障人民基本需要之外，更應該積極介入人民的生活，教導培育人民的美德。在《理想國篇》中，柏拉圖便深入討論了國家的角色與教育制度。

國家應引導人民向善

對柏拉圖而言，一個國家的成立，一開始是為了滿足人們生計上的基本需求：由於個人的單獨能力有限、無法身兼多種角色，如果面臨環境挑戰或外侮入侵，就必須聚合眾人的智慧和能力分工合作，擔任不同的生產與保衛的工作。因此管理眾人事務的國家就應運而生了。但是只滿足人民最低生活需求是不夠的，國家也應引導人民向善而行。柏拉圖舉例道：如同一艘航行於海上的船，船員的行動應以整艘船的順利航行為目的，如果只顧滿足個人吃喝玩樂的欲求，而不懂航行的技術、也不知目的地在何處，這艘船必定會迷途或沉沒，使全船的人遭遇不幸。同樣地，國家除了維持人民生計富足之外，更應如船長引導船員航行的正確方向般、為人民指出國家發展的正確目的──善，因此，國家也需包辦人民的教育，使其靈魂受陶養而去追求善。

理想的政治制度

柏拉圖理想中的國家應由哲學家國王統治，衛士與生產階級皆能各司其職，齊心合力朝向美善。最理想的國家應該是一個獨立的小型城邦，所有人自給自足、分工合作。城邦公民應為五〇四〇人，且座落於離海岸約一、兩公里之處，以農業生產為基礎，而不是被認為會使人奸詐取巧以致靈魂墮落的航海貿易。在德行養成方面，城邦從人民尚為嬰兒時期開始，便主導一切的文化與教育。對於使人不敬神的異端，應驅逐禁止。

理想的教育制度

為了免除經由選舉或抽籤來擔任政治職務、易流於不問專業與賢能的民主制度弊端，柏拉圖認為，

小國寡民的理想

柏拉圖主張，人口不多的城邦是最理想的政治單位，其中又只有少數人享有可以參與政治事務的公民權，如此一來，城邦的治理將維持在容易協調、運作的最佳狀況。

理想的國家角色與政治制度

最高目的
教育人民、
培養美德，
過良善的生活

其次要求
維持人民生計富足

最低要求
保護人民生命財產

國家的功能

人口
共有5040名公民、
5040間房舍。

職業
以農業為主，
不鼓勵從商。

**國家的
規模與
制度**

地理位置
距離海岸數公
里，以免依賴
商業貿易。

教育制度
國家包辦完整的教
育，公民自幼受教
育以培養德行。

達成

小國寡民的理想	**人民自給自足、各安其分**	**全國上下齊心追求美善**
面積小、人口少的城邦易於協調、運作，才是最理想的。	哲學家統治者與衛士、生產階級各有專職、相互合作，國家就會井然有序。	全國一致接受哲學家統治者的節制與教導，將國家引向美善的正途。

國家應掌管教育，像訓練工藝那般教導衛士階級治理國家的技術。教育訓練歷時五十年之久，才能培育出具有真知灼見的國家領袖。教育的程序是這樣的：衛士階級的子女出生之後即與父母分離，由國家管教。自小學習音樂和體育到二十歲左右，再進修「數理之學」，由淺入深、循序學習「算數」、「幾何」、計算三度空間的靜態「立體幾何學」、運算動態天體軌道的「天文學」、再到掌握所有天體軌道之間運行秩序的「和諧學」等數理學科，經過十年訓練，便能讓學生練習逐漸脫離感官，習慣抽象的思想。到了三十歲時，再從中挑選傑出者，進行五年的哲學辯證術教育，使心靈能夠掌握最高的「相」。學成之後投入各種實際事務中加以磨練，歷經十五年的實務經驗，甄選其中頂尖者，在五十歲時任命為哲王。這一套教育流程，即是「洞穴的比喻」中心靈轉向至洞外乃至於復返洞穴中的過程。哲學家在擺脫感官經驗的想像、意見，得知真理後，仍應回到實務層次，領導人們朝向美、善而行。

柏拉圖與數理之學

柏拉圖認為，數理之學所教導的內容即是「線的比喻」（參見88頁）中「可知的世界」的認識對象。永恆不變的數理之學是學習哲學辯證術、認識「相」的基礎。據說柏拉圖學院大門即有一告示牌寫著，不懂數學的人不可進入學習。

重農輕商的柏拉圖

柏拉圖認為，城邦最好採取重農的自然經濟，商業則會使人靈魂墮落。他曾表示：「人們希望與海為鄰，但它畢竟是又鹹又苦的鄰居，會使城市充斥商販，培育出易變和多疑的靈魂習慣，使對自己不信任、不友好，也對所有人不信任、不友好。」

柏拉圖理想中的教育制度

幼年

衛士階級子女自小與父母分離，在學校接受音樂和體育的訓練。

20歲左右

開始由淺入深學習數理學科。

算數
研究數的性質與關係。

幾何
研究平面圖形的形狀、大小、位置的相互關係。

立體幾何
以平面幾何為基礎，運算靜止的立體事物。

天文學
以立體幾何為基礎，運算動態的立體事物。

和諧學
以天文學為基礎，運算所有天體運行所形成的秩序。

30歲左右

選拔表現優秀者，接受辯證術的哲學訓練。

35歲

再甄選出能掌握「善之相」者，返回實際事務中磨練。

50歲

最頂尖者獲選為「哲學家國王」，擔任政治的統治者與倫理道德領袖。

藝術作品的地位

由柏拉圖對個人及國家所應追求的目標及其教育方式，可得知柏拉圖眼中的一切人事物，都必須以真理與美德為目的。如此一來，那些講求感官愉悅的藝術作品，例如詩歌、劇作、雕塑、繪畫等等，就只能獲得極低的評價。

藝術只是低等的模仿品

在柏拉圖眼中，藝術作品的創作，並不是根據理性、真理，而是創作者將感官所見、所聞的事物與情節，憑一己的靈感加以誇張地修飾和模仿，以呈現出更悅人耳目的欣賞效果。例如：雕塑家在雕塑人像時加添自己的想像；畫家即使想要忠實地把事物的原貌畫出、卻也不得不藉助表現技巧；更遑論那些道聽途說、渲染文辭的詩人了。藝術等於是將原本已經是真實的相的模仿品——感官對象——再加以模仿一次。這種模仿品的再模仿，在真理的價值上，只有相應於「線的比喻」中「相似的影像」，處於最低地位。照這種標準來看，藝術作品幾乎沒有任何價值，即便是單純為了娛樂而欣賞，也會對靈魂產生潛在的負面影響。

藝術應為道德服務

柏拉圖對藝術採取了極端的立場：藝術作品應該完全為道德服務，即使是模仿品，所模仿的對象也應該是真理，亦即真正美、善的事物，例如神的正義事蹟，才能為美德的教養帶來益處；否則就應該全面禁止藝術創作、驅逐創作者。舉例而言，荷馬史詩等傳統詩歌作品描寫了大量的神與人之間的妒意、欺騙、報復等情節，把完全屬於善的神描寫成像人一樣做出惡行，這對心智尚未成熟的青少年來說，無疑是十分壞的榜樣。柏拉圖對此曾說：「在真理之前，他（荷馬）卻不值得尊敬，這點必須坦白。」因此，即使詩人和作品的成就是卓越且偉大的，仍應予以刪改。

藝術與模仿

希臘文的「mimesis（模仿）」一字也用以指稱「藝術」，由此可知，對古希臘人而言，藝術總是模仿實際事物而造就，由非本身即是永恆的美、善真理。

柏拉圖②：美善的靈魂

藝術作品的價值

相

- 同一類具體事物的共同性質，是永不移易的真理。
- 最高層次的認識對象，是最完美無缺的原型。在「線的比喻」中屬於「可知的世界」層次。

例如：勇敢之相

勇敢之相
所有勇敢事物的共同性質

分有

模仿

感官對象

- 人們所能感知的具體事物，是相對、會變動的。
- 是較低層次的認識對象，由模仿完美的相而產生。在「線的比喻」中屬於「可見的事物」層次。

例如：勇者為了保家衛國與敵軍英勇作戰。

再模仿

藝術作品

- 創作者憑著自己的靈感來模仿所見聞的感官對象，是對相的模仿物再加以模仿。
- 是最低層次的認識對象，在「線的比喻」中屬於「相似的影像」層次。

例如：歌頌勇者的劇作《伊利亞德》、《奧德賽》……等。

為感官對象的再模仿，認識價值低，甚至對靈魂修養具潛在的負面影響。

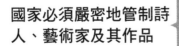

國家必須嚴密地管制詩人、藝術家及其作品

- 藝術只為道德服務，只模仿符合真理的美、善事物。
- 違反道德的藝術作品應予以禁止或刪改、藝術家應驅逐出境。

柏拉圖對各種政體的見解

希臘諸城邦多數各有不同政體，例如，斯巴達的貴族政體乃是以少數貴族戰士來統治多數的農奴，在城邦內進行軍事統治；雅典的民主政體則是由所有公民組成議會，由抽籤的方式決定行政職位。柏拉圖在《理想國篇》中也談論了他對各種政體的看法。

五種政體

柏拉圖曾將政體依據統治者的組成分為五類，依序為統治者靈魂高貴且擁有美德的「貴族政治」；崇尚勇武且重視榮譽的「名譽政治」；爭名逐利唯財富是求的「寡頭政治」；眾人參政的「民主政治」以及野心家竊取大權的「僭主政治」。柏拉圖亦是由靈魂的三部分來判分各種政體的高下，最高尚的貴族政治由理性部分主宰；次佳的名譽政治由意氣部分主宰；寡頭、民主、僭主政治則是由欲求部分主宰，所以最為低劣。

從貴族政治到名譽政治

柏拉圖認為，最好的政體是「貴族政治」，所謂貴族並不是指那些有錢有勢的世襲階級，而是指靈魂高貴、才德兼備的菁英階級。貴族政體是依據理性來統治，崇尚正義，將帶領國家朝美、善發展。然而，貴族的後裔日趨腐化，徒留爭強好勝、貪圖榮譽的意氣，缺乏理性智慧，因此貴族政治被竊占，取而代之的是崇尚勇武與權力的名譽政治。名譽政治的精神表現為追求榮華富貴，雖然也接受一些文化教養，但已經失去了理性主導的力量，將愈趨墮落。

從寡頭政治到民主政治

當名譽政治的統治者累積大量財富之後，就變得喜愛財富更甚於名譽。他們讚美、崇拜富人，根據財產多寡來規定從政資格，國家便轉變為由欲求所主宰的寡頭政治。寡頭政治逐漸提高從政資格的財產限制，使得統治權集中於少數人、排斥多數窮人。統治者把國家當做滿足私欲的工具，而不再為人民謀求福祉；他們養尊處優，日漸喪失了強健的體魄。大部分的窮人因此起而推翻寡頭政權，再將統治權和所有窮人分享，民主政體於是興起。

從民主政治到僭主政治

柏拉圖對民主政治有一個貼切的比喻：民主政治好比一件點綴著各種裝飾品的七彩衣裳，眾人就像婦女和小孩一樣，看到鮮豔的東西就覺得美；民主政治藉由選舉和抽籤來決定統治者，人們像在市場裡任意挑選自己喜歡的物品一般、自由選擇是否從政。民主政治比寡

頭政治更低等，因為民主政治以輕薄浮躁的態度踐踏了美德教育的理想，不問統治者的能力和品行，只要學習取悅群眾，就可以獲得政權。此時，理性的和諧秩序以及意氣的高貴精神已蕩然無存，統治者無所節制地放縱個人私欲，國家終將被帶向失序的混亂狀態。

最後，自稱熱愛人民的野心人士利用群眾的支持，收攬大權自立為王，開始了僭主政治。僭主政治的統治者只顧滿足私欲、置美德於不顧，堪稱最差的政體，但淺薄的群眾卻心甘情願地支持，使統治者得以放縱私欲、任意操縱利用群眾。

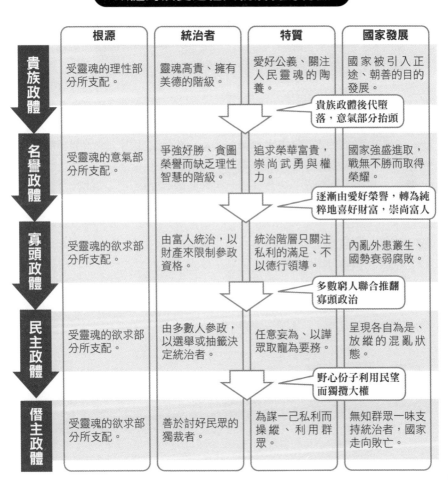

政體的演變過程與統治者的特徵

	根源	統治者	特質	國家發展
貴族政體	受靈魂的理性部分所支配。	靈魂高貴、擁有美德的階級。	愛好公義、關注人民靈魂的陶養。	國家被引入正途、朝善的目的發展。
			貴族政體後代墮落，意氣部分抬頭	
名譽政體	受靈魂的意氣部分所支配。	爭強好勝、貪圖榮譽而缺乏理性智慧的階級。	追求榮華富貴，崇尚武勇與權力。	國家強盛進取，戰無不勝而取得榮耀。
			逐漸由愛好榮譽，轉為純粹地喜好財富，崇尚富人	
寡頭政體	受靈魂的欲求部分所支配。	由富人統治，以財產來限制參政資格。	統治階層只關注私利的滿足、不以德行領導。	內亂外患叢生、國勢衰弱腐敗。
			多數窮人聯合推翻寡頭政治	
民主政體	受靈魂的欲求部分所支配。	由多數人參政，以選舉或抽籤決定統治者。	任意妄為、以譁眾取寵為要務。	呈現各自為是、放縱的混亂狀態。
			野心份子利用民望而獨攬大權	
僭主政體	受靈魂的欲求部分所支配。	善於討好民眾的獨裁者。	為謀一己私利而操縱、利用群眾。	無知群眾一味支持統治者，國家走向敗亡。

愛與幸福

「柏拉圖之愛」是人們朗朗上口的詞語，但一般人以為所指的某種男女情愛間的精神狀態，並非柏拉圖的原意。柏拉圖談論的「愛」依然是與教養靈魂追求真、善、美等不朽事物密切相關。

愛＝永恆朝向一切善良

在《饗宴篇》對話錄中，柏拉圖描述了蘇格拉底與朋友們談論什麼是「愛」。由於人的肉身處於感官世界，卻渴望與美、善、不朽的真理結合，以獲得靈魂的滿足，而驅使人們能不斷探求真理的動力正是「愛」。因此蘇格拉底所下結論為，愛是「永恆朝向一切善良」。換言之，因為「愛」的動力，引發人對美德與智慧的渴望，促使人們走上追求哲學之途。這種渴慕的動力對人而言也是最美好、最吸引人的事情，所有靈魂的教養、政治的理想，也都因為有「愛」為動力而得以被實踐、完成。

擁有美德＝幸福

以愛為原動力、恆久不渝地追求美德的同時，人們必須憑藉理性對欲求加以節制，如此來似乎會與感官的愉悅相違背。那麼，擁有美德與一般人所想望的幸福快樂是一致的嗎？在《斐勒柏司篇》中，蘇格拉底便和眾人嘗試討論這個主題。起初有人主張，人生所追求的善純粹就是感官上的愉悅，而蘇格拉底則反詰，只追求感官的愉悅；就像牡蠣一般活得蒙昧無知，這無法做為人的唯一追求目標，唯有經過理性思考、選擇的目標才是善。於是眾人便接著討論感官上的愉悅與理智上的善能否完美地調和。最後蘇格拉底提出，感官的善與理智的善可以藉由另一種更高的善，混合成兩者兼顧、完整的善，而這種最高的善——善之相——正是哲學所要探究的對象。由此觀之，柏拉圖藉蘇格拉底之口表達人們在追求真理時，不必苦行禁欲，只要藉由理性根據真正的知識來調和恰當的比例，便能兼得感官與理智愉悅的至高幸福。

調和感官善與理智善的「善之相」

柏拉圖認為，能夠藉由正確的知識，將感官愉悅的善與理智清醒的善，像混合水與蜂蜜一般，調和成濃淡適中的完美比例。柏拉圖如此寫道：「一口井中是蜜，代表愉悅，另一口是令人清醒、不會醉、有益健康的水，代表理智。我們必須努力，好好地認真來調和它們。」

柏拉圖之愛

可朽的感官世界	 愛	不朽的相
人的感官所感知的不完美、會毀朽的一切事物。		人所渴望的完美、不朽的真理。

愛是永恆朝向善

愛是追求美德的動力
人永遠受愛即對美善事物的渴望所驅策，從而走上愛智的道路。

愛是一種中間狀態
人已經脫離先前滿足於欲求的狀態、但又未企及完美的境界，仍處於不完美的中間狀態。

愛是最美好的事物
愛使人從缺陷轉向完美，實現人的生存意義，對人來說是最美好的。

幸福與美德的關係

第❶種善 感官上的善

- 感官欲求如食欲、性欲滿足時的愉悅歡樂，如同蜂蜜。
- 不包含理性的成分，容易過度而變成縱欲。

蜂蜜

↕️ 調和

第❸種善 完整的善

- 兼顧感官和理智上的滿足，可享受最高的幸福。
- 兩種善以最適當的比例混合的狀態。

混合比例完美的蜜水

最高的善 →

第❹種善 善之相

- 混合出完整的善所憑藉的知識，即關於善的真理。
- 善之相是哲學所要探究的最高對象。

第❷種善 理智上的善

- 探求知識、真理時所享受的喜悅，如同清水。
- 不包含感官的成分，不能滿足人的基本生存。

清水

柏拉圖對後世的影響

柏拉圖堪稱哲學史影響最大的哲學家之一，他劃分了憑藉感官感知的感覺世界與憑藉抽象思考探求的思想世界，而專注於研究理性思考所能探求的抽象思想對象，無疑是人類高度抽象思考能力發展的一個分水嶺。

西方文化教養的理想

柏拉圖在抽象思考上的成就，始終與人的生命緊緊相連：他認為人的生命活動應該以追求思想的對象為目的，唯有掌握智慧才能獲得幸福。這就牽涉了柏拉圖所關注的「靈魂的教養」問題，人生命的缺陷與痛苦，往往來自於靈魂受到感官所感知的外在具體事物或身體欲望的干擾和阻礙，無法獲得和諧與安寧；追求智慧的哲學活動，正是促使靈魂由外物和欲望轉向永恆的思想對象的過程，靈魂若能專注於這些永恆的對象，就能掌握如何獲得幸福的真理。

據此，柏拉圖在「對話錄」中對於教育、政治、藝術、倫理等不同主題的探問，都可以視為為了促使人們自行思索、去教養靈魂的努力。透過文采動人的「對話錄」，柏拉圖將具有深度的哲學討論以美妙的文學形式表現而深入人心、流傳後世。「對話錄」在西方扮演著極為核心的文化教養的角色，啟發了西方對於人應具備求知精神與哲學素養的理想。

辯證術是柏拉圖的一大貢獻

柏拉圖在思想方法上最主要的貢獻是「辯證術」，亦即兩個以上的人以彼此對話反詰的方式，指出對方的思考和主張的不足，一方面有助於辨識出哪些是正確的、哪些混雜著意見，另一方面也能更清楚每一種思考和主張的條件及其限制；如此反覆地進行，就能促使對方做出更形完整的思考和主張、更進一步接近真理，對話雙方也都藉由辯證的過程，讓靈魂在彼此不斷刺激之下，產生求知的渴望，由虛假的意見轉向真理。

辯證術的特色是其為兩人以上的共同思想成果；對同一議題，可以因為參與成員的不同，而在一來一往、提問與反詰之間呈現出不同的思路、達到不同的暫時結論，但柏拉圖相信，不同的過程都是逐步接近同一個最普遍的真理。這一方面顯現出辯證術這種哲學方法的創造活力，另一方面也確保人們都能夠邁向真理。這種哲學方法也比較容易讓一般人參與練習，只要抱著渴望求知的態度，無論人們如何無知、想法和意見如何錯誤，都能以此為起點來進行對話討論而逐步獲得提升。

柏拉圖在哲學史上的地位

哲學史上的重要議題，例如感覺對象與思想對象的區分、兩者之間的關係等等，皆是由柏拉圖奠定研究規模；因此，二十世紀初的哲學家懷德海曾經誇張地表示，整部哲學史的發展不過只是柏拉圖哲學的註腳。儘管如此，柏拉圖並非一直做為西方哲學史主宰的核心。柏拉圖死後，其哲學逐漸與新畢達哥拉斯學派交融，亦即試圖結合哲學與數學來研究萬物，

公元三世紀左右，逐漸與當時宗教的神祕主義結合，以柏拉圖所談的相、善等思想對象結合宗教的神，成為基督宗教中某些神祕教派的核心思想。這與主宰中世紀的教廷想法相違，因此柏拉圖哲學並不具核心地位，有時甚至被視為異端。直到文藝復興時期，人們開始重新閱讀柏拉圖的希臘文原典，首先以文學欣賞的角度，再逐漸地從哲學的角度來探討其所處理的議題，柏拉圖的地位才重獲正視。

柏拉圖對後世的影響

靈魂關注真理才能獲得幸福

人的靈魂受到變動的外物或肉體欲望的干擾而不能獲得和諧；藉著愛智的哲學活動，可以使靈魂由關注外物、欲望，轉向永恆的真理，獲得真正的幸福。

靈魂不再關注變動的外物；轉向關注永恆的真理。

愛智

靈魂受干擾而不幸福　　靈魂獲得秩序與和諧的幸福

重視靈魂的教養

人們應接受思考訓練、具備哲學素養，才能過理想的生活。舉凡教育、政治、藝術、倫理等與人類活動，都以教養靈魂認識真理為最終目的。

西方文化教養的理想

採用辯證術

兩個以上的人參與，以彼此對話、反詰的方式對某一事物提出己見，一步步從對方的反詰中辨析出己見的限制與矛盾，進而將各人意見清除、接近真理。

真理

修正己見

檢驗後反駁

提出己見

問

不同的對話路徑
皆通往同一個普遍真理

由於參與者不同，在不同的出發點與往返思路中呈現不同的對話過程；但不同的路徑最終都能逼近同一個真理。

只要懷抱對知識的渴慕，
人人皆能求取真知

亞里斯多德①：
精巧的哲學巨匠

亞里斯多德是古希臘哲學的集大成與西方哲學的奠基者。他創立了一個藉由語言將萬物區分成十類的理論架構，並且對論理學的推論規則進行深入的研究，建立一套可以對萬物進行分析的嚴密哲學體系，並由此確立了西方至今兩千多年大部分學科的研究規範。亞里斯多德的學術成就可以說是無人能出其右。

- 亞里斯多德研究方法的特色是什麼？

- 亞里斯多德將知識區分為哪些種類？他分別有哪些著作？

- 什麼是「第一哲學」、「第二哲學」？分別研究什麼？

- 如何從語言上對萬物進行分類？

- 萬物可分為哪十種範疇？

- 如何由語句進行推論？推論的規則有哪些？

- 柏拉圖和亞里斯多德師徒二人的論理學有何不同？

亞里斯多德其人其事

亞里斯多德從柏拉圖那裡繼承了主要的哲學議題,例如對變動萬物的原因、靈魂、以及美德與善的研究等。然而,對於柏拉圖以另立「相」來研究,亞里斯多德卻提出批評,進而開創了新的研究方法與哲學體系。

科學與邏輯之父

一般認為,西方科學與邏輯之父就是亞里斯多德,當今自然科學的許多學門,都是由他一手打下研究基礎。除了為西方人正式確立一切學問的工具邏輯學(亦即論理學)之外,亞里斯多德的研究領域之廣,研究程度之深入細微,簡直是令人驚駭:上從天文、下至自然萬物,旁及各種各類的運動變化,乃至於人事倫理、政治、歷史、詩歌創作等等,無一不經由精密思想所洗鍊過。

相較於柏拉圖認為只有不變動的「相」才是真理、所研究的對象並不存在於運動變化的感官事物上;亞里斯多德則更願意直接研究運動變化的萬物、進而從中獲得真理,因此探究的是關於感官對象的知識。後世人們根據這種粗略的印象,就把柏拉圖視為「觀念論」的鼻祖;相對地,亞里斯多德則被視

為「實在論」者。

亞里斯多德的生平概略

亞里斯多德與他那健壯的老師柏拉圖不同,他身材瘦小且體弱多病,在公元前三八四年左右出生於馬其頓國王的御醫世家。他十七歲時進入雅典的柏拉圖學院求學,這時候柏拉圖已經六十歲了。二十年後柏拉圖去世,學院由柏拉圖的姪子執掌,亞里斯多德不願返回學院,便自行在島嶼城邦阿索司建立學院,研究與講授哲學。約四十二歲時,他應馬其頓國王腓力二世之邀,擔任王子的老師,該王子就是日後著名的亞歷山大大帝。亞歷山大登基為馬其頓國王之後,亞里斯多德返回雅典,適逢柏拉圖學院院長改選,他們搶在亞里斯多德之先,推舉他人執掌學院。亞里斯多德便又在雅典城外的里賽昂建立自己的學院。亞歷山大曾動員人力,

亞里斯多德與其師柏拉圖

亞里斯多德在哲學立場上對其師柏拉圖多有批評,並說:「柏拉圖是我的朋友,而真理更是我的朋友」;據傳柏拉圖也曾說:「亞里斯多德踢開了我,正如小雄駒踢開生養牠的母親一樣。」這顯示人們對兩人關係的微妙印象。

為亞里斯多德收集許多動植物的材料，因此之助，他成就了連後世都望塵莫及的自然學研究。亞歷山大駕崩之後，希臘地區反馬其頓的情緒牽連亞里斯多德，雅典人欲以「不敬神」來構陷他，他不願讓雅典人在處死蘇格拉底之後二度迫害哲學，便流亡至馬其頓，隨即於公元前三二二年左右病終。亞里斯多德因為身體不佳，習慣繞著學院長廊散步講課，順便舒緩身體，故其學派又稱「繞廊學派」。

希臘三哲的對照

	蘇格拉底	柏拉圖	亞里斯多德
出身	出身雅典的市民之家，父為工匠、母為產婆。	傳說為雅典七賢人之一索倫的後裔，地位不凡。	馬其頓國王的御醫世家。
頭銜	一生不斷進行哲學活動，追求真、善、美，被譽為「西方哲學的代言人」。	認為抽象思想中的「相」是唯一應追求的真正知識，被視為「觀念論的鼻祖」。	確立了邏輯學、並據以廣泛研究各種經驗現象，故有「邏輯與科學之父」的美譽。
特殊事蹟	堅持以哲學活動來追求真理，不屈從於俗見，最後以身殉道。	創立柏拉圖學院。	曾任亞歷山大大帝的老師。
思想重點	●透過對話反詰的方式進行哲學論辯、以探求倫理對象的普遍定義。本身並未提出任何具體主張。 ●認為知識即是美德，只要知道真正的美德，便能在實際行為中展現美德。	●繼承蘇格拉底以對話反詰的方式進行研究。除了倫理對象外、也以自然萬物為研究對象。 ●在變動萬物之旁另立永恆不變的「相」做為真正的知識。 ●對靈魂多所探討，提出靈魂不朽、靈魂三分與世界魂的談論。 ●國家應藉由理想的政治與教育制度來引導人民向善。	●哲學研究的方法是透過個人獨自運用論理學來分析萬物、進行推論。 ●除了研究不變動的事物，也從會變動的事物中找出不變的真理、秩序。 ●研究內容包羅萬象，分成理論、實踐、生產三大類知識。
對後世的影響	●確立理性為研究萬物原因的憑藉。 ●以特立獨行的典範風靡後世嚮往哲學的人。	●對於思想對象的研究奠定了後世哲學思考的深度。 ●應陶養靈魂向善的主張影響了西方文化教養的傳統。	●為各學科的區分和研究方法奠立基礎。 ●思想體系與內容主宰了隨後兩千年西方哲學的議題與討論方向。

亞里斯多德的體系與著作

柏拉圖的對話錄所談及的議題已經較早期的哲學家豐富許多,除了自然、人倫之外,尚有政治、教育、藝術等領域;亞里斯多德則更進一步地將研究議題分門別類、組織成各種學科,內容還延伸至神學、經濟學、詩學等,可謂包羅萬象、應有盡有。

琳瑯滿目的藥房老闆

集古希臘哲學大成的亞里斯多德,思想體系可謂範圍宏大、無所不包,但分類又格外嚴謹。在研究學問時,亞里斯多德先設立一個完整的學問分類架構,面臨各式各樣的研究題材時,便能先對題材做詳細的分類,再依據該類別應有的研究方式來處理題材。因此,人們看到的亞里斯多德的思想體系,是一個包羅萬象且秩序井然的系統,每一類學門都按部就班地被紮實研究。比方說,要研究規律運行的天體時,就歸入專門研究運動變化中、關於「永恆」運動的部門,並且用該部門所對應的、純粹理性的數學方式來計算天體的運行軌道;但是如果要研究不依一定規律、秩序運動變化的「動物」,則要歸入「不永恆」運動的部門,同時以感官的觀察和理性的推論進行研究。關於亞里斯多德的思想體系曾有一個有趣的比喻:他像藥房老闆一樣,先把所有藥櫃都區分好,無論什麼病人來抓藥,都可以依正確類別取藥。

藥櫃子的分類

這位藥房老闆是怎麼為他的藥櫃子分類的呢?亞里斯多德大致將學問區分為三大類:①理論的知識:指的是純粹只是為了求知、求真理而不帶其他目的的學科,包括自然學、數學、神學(亦稱形上學)。②實踐的知識:亦即研究人事的原理、原則的知識,包括倫理學、政治學,而非對人們該如何實際行動的教導或格言。③生產的知識:是指一切與創造事物有關的科學知識,也包括修辭學、詩學等。生產的知識所關注的是產品是否能造得好而具有實際功效,而非是否能獲得真理。

第一哲學與第二哲學

神學所研究的是永恆不變、普遍適用於各種事物的原理,因此亞里斯多德又稱神學為「第一哲學」。相對地,研究變動萬物原理、適用範圍有限的自然學在邏輯上附屬於第一哲學,因此稱為「第二哲學」。

希臘哲學體系化的歷程

希臘哲學萌芽（約600 B.C.～450 B.C.）

自然學家開始關切和探索不斷運動變化的宇宙萬物背後，是否存在不變的原因。

研究方法
- 首度在外在的感官觀察能力之外，使用內在的理性思辨能力。
- 混合使用感官和理性能力，尚不能明確意識到兩者的區別。

柏拉圖確立哲學體系（約400 B.C.～348 B.C.）

研究個別的倫理對象、自然萬物的普遍共有的抽象本質即「相」

很少直接研究個別種類的自然事物。

研究方法
- 明確地區別感官與理性能力，捨棄會變動的感官經驗、單獨運用理性來認識「相」。
- 藉由辯論、詰問的辯證方法來進行研究。

亞里斯多德集古希臘思想大成（約348 B.C.～322 B.C.）

除了研究倫理、自然事物的抽象原因，也為個別的自然事物設立學門、深入研究。

廣泛地研究社會、歷史、藝術等領域，範圍最為宏大寬廣、包羅萬象。

研究方法
- 將所有學問嚴密地分門別類；因應各門學問特性採取因應的研究方法。如研究會變動的自然萬物時採用感官的觀察、研究抽象事物時採用理性的推理。
- 相對於柏拉圖透過辯證的方式，亞里斯多德則使用分析，以真理為前提來推演出結論。

亞里斯多德的著作

亞里斯多德的著作繁多,相傳有四百多卷,總計四十四萬五千行,但只有四分之一被保留下來。他也曾寫作一些精彩的對話錄,但與柏拉圖相反,所有他留下的著作都是在學院中研究與講授的筆記,反而那些出版給大眾看的對話錄完全佚失了。其傳世著作大約可區分成五大類:①首先是所謂「工具書」,亦即論理學的著作,包括《範疇篇》、《解釋篇》等等;其為研究一切學問的基礎,教導各種分類、推論、分辨謬誤等等研究工具。②理論知識中的自然學:如《自然學》、《論生成與毀壞》、《論天》、《論氣象》等等,所研究的是處於運動變化中的事物、並且都包含感官經驗的內容。③理論知識中的神學:如研究一切事物的共同原因的《自然學後諸篇》。④實踐的知識:如《尼可馬倫理學》(尼可馬為亞里斯多德之子)、《政治學》、《經濟學》等。⑤生產的知識:如《詩學》、《給亞歷山大的修辭學》等。另有一些對其他哲學家的評論、問題集、以及《雅典政制》的歷史著作。據載,亞里斯多德還曾將歷屆奧林匹亞運動會得獎者名單編纂齊全,可見其研究興趣與範圍之包羅萬象了。

亞里斯多德的寫作特色

由於亞里斯多德的著作是來自講課的筆記,因此文字簡練樸實,有時候也會為了方便起見,以省略的字句來表達。要理解文中的真正意思,必須不厭其煩地反覆推敲,才能有所領會。除了文字格外精簡之外,亞里斯多德的寫作特色在於思路極為細膩縝密,對問題深入地分析與討論。他的研究方式一如藥房老闆,在判斷一個問題的「病情」究竟為何之時,會詳盡地列舉一切可能性,然後逐一討論、排除,方能正確地定位問題,再進一步研究。不論是遇到新的問題或是原問題所衍生的問題,也是以同樣的方法和步驟逐步研究、探討。因此,在閱讀時最好能一字一句推敲,且盡量避免望文生義的想像,才能掌握曲折思路所指引的真正方向。

亞里斯多德的學問體系與著作

亞里斯多德有系統地將學問分為三大類

第①類 理論的知識
純粹為了求知、不帶任何其他目的的知識

【包括】
• 第一哲學：神學
• 數學
• 第二哲學：自然學

第②類 實踐的知識
研究人事活動的原理、原則的知識

【包括】
• 政治學
• 經濟學
• 倫理學

第③類 生產的知識
研究如何創造好的產品的學問

【包括】
• 詩學
• 修辭學

實際著作分為五類及其他

① 論理學

研究關於推理、思考之所以成為正、誤的一般原則，是一切學問的基礎工具。

六書合稱「工具書」

【包括】
• 《範疇篇》
• 《解釋篇》
• 《分析前論》
• 《分析後論》
• 《論題篇》
• 《辨謬篇》

研究自然萬物與運動變化。

研究萬物中最普遍、最高原因。

② 自然學

【包括】
• 《自然學》　• 《動物的繁衍》
• 《論生成與毀壞》　• 《論植物》
• 《論天》　• 《論呼吸》
• 《論氣象》　• 《論記憶》
• 《動物史》　　　⋮

③ 神學

【包括】
• 《自然學後諸篇》

無法分入各類的其他著作。

④ 實踐的知識

【包括】
• 《尼可馬倫理學》
• 《歐德勉倫理學》
• 《論美德與罪惡》
• 《政治學》
• 《經濟學》

⑤ 生產的知識

【包括】
• 《詩學》
• 《獻給亞歷山大的修辭學》

⑥ 其他著作

【包括】
• 《雅典政制》
• 《問題集》
• 《哲學的勸導》

第二哲學：自然學

亞里斯多德繼承了長久以來的自然學傳統，將研究主題設定為變動萬物的原因。然而，相對於柏拉圖只將感官中的自然萬物視為「相」的模仿、並非真理；亞里斯多德則致力於從變動萬物之中找出真理。

自然學的研究內容

自然學的研究對象涵蓋了一切帶有物質成分、且恆處於變動事物的本質和原因，包括：天文、氣象、生物、靈魂的各種活動、記憶、感官機能等事物。這類事物可以抽象出共同的特徵，例如都處於變動中、都處於時間與空間中、都具備生成的原因、都有組成的物質、都有外貌形狀，所以「運動變化」、「時間」、「空間」、「原因」、「物質」、「形狀」皆可做為獨立的研究對象，「一般自然學」便是對於這些共同特徵的研究。針對個別的自然萬物，自然學還可以再往下細分為天文學、氣象學、動物學、植物學、靈魂學等專門科目，稱做「特殊自然學」。「一般自然學」在理論體系的地位優先於「特殊自然學」。

自然萬物均具備「四因」

在題名為《自然學》的書中，亞里斯多德針對「一般自然學」的題材進行了深入的分析。其中最著名的就是對萬物的「原因」的討論：因為一切變動的自然萬物都必定有其之所以變動的原因（理由、條件），掌握了這些原因，人們才能真正理解自然萬物。亞里斯多德總結出自然萬物的「原因」有四：①自然物從那裡產生、並且還保留在自然物之內的原初組成物，亦即「質料因」；②決定自然物的結構、比例或本質的「形式因」；③促使一段變動發生的來源，亦即「動源因」；④一段變動所要達到的終點，意即「目的因」。要理解自然萬物的運動變化，都必須從以上四個角度著手。（參見152頁）

從潛能到實現即為運動變化

除了「四因」之外，亞里斯多德也根據「潛能」和「實現」這一組架構來理解運動變化。「潛能」是指一段變動過程尚未發生之前、有潛在變動可能的狀態；「實現」則是指一

亞里斯多德對「physis」的定義

希臘文「physis」即是自然物，亞里斯多德的定義是：那些在自身中包含變動原理的事物。亦即人們所看到一切會自行發生變化的事物。人造產品便非自然物，比方說床不是木頭自己變成的，而是人施以外力造成。

段變動過程已經完成、潛能已充分發展的狀態。運動變化即是由潛能朝向實現而發展的中間過程。以樹苗長成大樹的運動變化為例，樹苗是大樹的潛能、大樹是潛能的實現，樹苗的運動變化——長成大樹——就是潛能朝向實現的過程。（參見147頁）

運動變化的三種要素

進一步地，運動變化這個概念之中包含著以下三種要素：①運動變化總是發生在時間和空間中的，並且能根據時間和空間來測量變動的程度。②運動變化是連續的，而「連續」的定義即是「可以無限分割的」，所以「無限」也是運動變化內在所蘊含的概念。（參見144頁）③變動可再細分為「生成」、「消滅」、「轉變」、「位移」四種情況。「生成」和「消滅」的變動涉及自然物存在與否，例如人的誕生和死亡；「轉變」則涉及到自然物自身屬性的改變，例如人的皮膚變黑或變白；「位移」則完全不涉及自然物的自身的任何變化，而只涉及所處的空間上的變化，例如一個人從左邊走到右邊。

亞里斯多德自然學的研究內容

自然學 ← 研究所有含有物質成分、且不斷變動的自然物的學問。

一般自然學		**特殊自然學**	
以所有自然物的共有特徵做為研究題材。	例如：運動變化、空間、時間、物質、形狀等。	為個別自然物所成立的下屬專門學科。	例如：天文學、氣象學、動物學、植物學、靈魂學、感官機能學等。

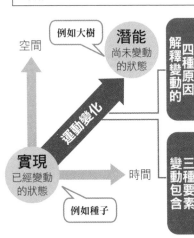

例如大樹 → **潛能** 尚未變動的狀態

空間

運動變化

實現 已經變動的狀態

時間

例如種子

解釋變動的四種原因

①**質料因**：構成變動事物的原始組成物，例如種子是大樹的質料因。
②**形式因**：決定事物的結構、比例或本質，例如大樹的比例、結構、形貌是大樹的形式因。
③**動源因**：致使運動變化發生的來源，例如種子內在推動發芽的動力是大樹的動源因。
④**目的因**：運動變化所要達到的目標、終點，例如長成大樹是變動的目的。

變動三種包含要素

①**時間、空間**：運動變化是發生在時間與空間中，可由時間、空間來測量運動的程度、大小、距離。
②**無限**：運動變化是連續的狀態、可以無限分割，所以「無限」也是其內含要素。
③**細分為四種情況**：生成（如人的誕生）、消滅（如人的死亡）、轉變（如人由矮長高）、位移（如太陽由東方移往西方）。

第一哲學：神學（或形上學）

與柏拉圖相同地，亞里斯多德認為愈普遍、愈能涵蓋一切的知識，就愈能做為真理。因此，在種種不同的個別學科領域之上，還有一個能涵蓋、統合所有學科領域的研究對象，這門學問的位階高於其他一切學科，並且是所有學科的基礎，因此稱為「第一哲學」，亦即一般所說的「形上學」。

研究普遍原理的第一哲學

在亞里斯多德的學說體系中，理論的知識中的第二哲學也就是自然學，研究的是處於運動變化中的各種事物，例如天體、動物、植物、礦物等；以及再細分的各種不同的專門學科，例如天文學、動植物學等。然而，亞里斯多德認為，個別學科領域所研究的自然萬物與學科，具有共同的普遍原理或法則，因此，在這些個別的學科領域之上，還必須要有一個更高的、統合這些個別學科的學問，所研究的是萬物共同的普遍原理。舉例而言，天文學只研究天體的原理、動植物學只研究動植物的原理，但是天上的天體和地上的萬物都受一個更高的原理所支配，此原理就是最高的學問所要研究的對象。亞里斯多德便將這門最高的學問稱為「第一哲學」。

完全抽象的第一哲學

對於亞里斯多德而言，第一哲學的研究對象就是「神」，因此也叫做「神學」。需注意的是，亞里斯多德所謂的「神」是指萬物的最高、最普遍、最根本的原理，是一切真理與美、善的源頭，而非希臘傳統的諸神，或是後世所理解的宗教意義上的神祇。第一哲學所研究的神，必定能普遍地涵蓋萬物、成為一切事物的原因，不可能被感官所看見、聽見或觸摸得到。因為凡是感官的內容都是個別、一次性的，而非普遍的，只有思想上的對象才能是普遍的，因此神是最抽象的、屬於思想上的對象。要研究第一哲學便與第二哲學有別，因為後者要運用感官觀察萬物並且思考，然而第一哲學只能單獨透過理性的思想能力來沉思，而不能藉由任何感官來研究。

由於第一哲學所研究的正是所有理論學科所共通的最普遍、最根本的原理，也標舉出哲學家思考事物的方式與其他個別學科專家的不同：個別學科的專家專注於研究一定範圍內的對象，哲學家卻試圖探問萬物整體的普遍原理、萬物做為整體的真相是什麼。第一哲學做為研究統攝一切最高、最普遍的原理的學問，由亞里斯多德奠定基礎，並且隨後成為兩千多年以來哲學最核心的部門。

統攝萬物的「神」的學問

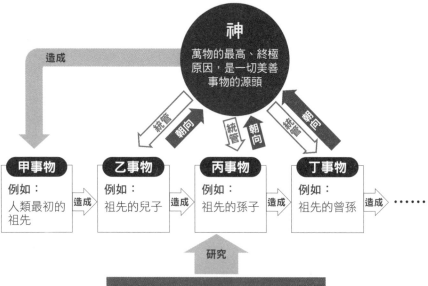

神
萬物的最高、終極原因，是一切美善事物的源頭

造成

統管　朝向

統管　朝向

統轄　朝向

甲事物		乙事物		丙事物		丁事物	
例如：人類最初的祖先	造成	例如：祖先的兒子	造成	例如：祖先的孫子	造成	例如：祖先的曾孫	造成 ……

研究

第一哲學

- 探究統攝萬物的最高原因的學問。
- 純粹以理性的思辨能力推理、探究普遍適用於一切事物的唯一、終極原因，而不藉由任何感官的經驗。

後人集結亞里斯多德所有研究最高的對象的著作為《自然學後諸篇》，中文又轉譯為「形上學」。

第一哲學也稱為「形上學」

《自然學後諸篇》就是亞里斯多德的研究第一哲學的著作，後人將亞里斯多德十四篇各自獨立的論文合輯而成，置於《自然學》之後，由於找不到恰當的名稱，只好以「meta-physica（在自然學後面的）」方便稱之。後世於是以「metaphysics」做為正式的哲學門類名稱，中文譯做「形上學」。

藉由語言將萬物分門別類

要了解萬物的秩序，首先得將繁雜的萬物適當地分門別類，以確立各自的特徵與定位。然而，究竟要如何為看來種類繁多、令人眼花撩亂的萬物分類？亞里斯多德認為，最好的方式並不是藉助不時變動、令人混淆的感官，而是藉助模仿萬物結構而形成的「語言」。對語言進行分類，也就等於是對萬物的分類。

藉語言理解萬物

做為研究一切學問的工具的「論理學」（即一般所說的「邏輯學」），是一套正確使用「語言」的規範，讓人們在使用語言時，不至於發生矛盾、不一致、以及錯誤的推論等等。人類的語言規範之所以能做為研究萬物的工具，是因為語言正是源於對萬物的模仿。古希臘文是拼音文字，其中最小的語音單位是母音加上子音所構成的音節；每種音節的產生不是約定俗成的，而是以聲音抽象地模仿萬物的樣貌，每種音節都對應了某一種構成萬物特徵的成素。舉例而言，〔r〕這個音節在希臘文中的發音是快速的舌顫音，模仿的是萬物中最快速的變動，因而代表「變動」；希臘文的「流變」一詞「hrei」，其核心就是〔r〕這個音。又例如，發〔a〕的音時嘴巴要張大，因此這個音是模仿大的事物，例如柏拉圖的名字「platon」即是以〔a〕為核心，表達了「寬廣」的意思。因此，語音的正確秩序，正是萬物的正確秩序。論理學做為使用語言的正確規範，目的是使人得以正確使用蘊含

萬物秩序的語言，藉此掌握萬物的真實樣貌，因而是所有學問必備的工具。

萬物＝「存有（being）」

亞里斯多德透過語言進行萬物的分類時，採取了西方語言中最標準的表達方式，以英文為例，即是「S（主詞）＋be（連接詞）＋P（謂詞）」所構成的陳述句。在這個句型中，因為有連接詞，主詞與謂詞產生了某種關連，主詞也才得以被謂詞表述，例如「The man is walking（這個人正在走路）」、「Roses are beautiful（玫瑰花是漂亮的）」……，倘若沒有連接詞，就無法判斷「The man（這個人）」和「walking（「正在走路」的狀態）」是什麼關係。而同一主詞所連結上的謂詞不同，主詞就有不同被稱謂、表述的方式，比方說在「The man is」主詞和連結詞之後，可以接上各式各樣的謂詞，如「The man is good（這個人是好的）」、「The man is sculptor（這個人是雕刻匠）」……等，所連結的各種不同的謂詞所代表的正是各種不同存在方式的萬事

萬物，例如「正在走路」、「好的」、「雕刻匠」顯然彼此是完全不同種類的事物。由於謂詞必須因連結詞（be）才得以與主詞有所關連，因此，相當於各式各樣謂詞而言的不同種類的事物便被稱為不同的「being（存在的事物）」，中文譯為「存有」。

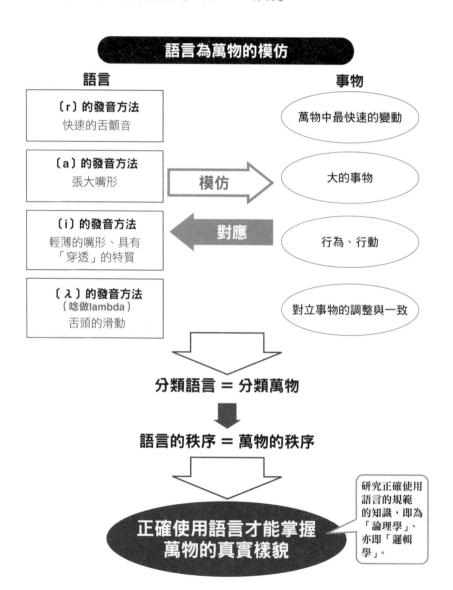

語言為萬物的模仿

語言

〔r〕的發音方法
快速的舌顫音

〔a〕的發音方法
張大嘴形

〔i〕的發音方法
輕薄的嘴形、具有「穿透」的特質

〔λ〕的發音方法
（唸做lambda）
舌頭的滑動

模仿

對應

事物

萬物中最快速的變動

大的事物

行為、行動

對立事物的調整與一致

分類語言 = 分類萬物

語言的秩序 = 萬物的秩序

正確使用語言才能掌握萬物的真實樣貌

研究正確使用語言的規範的知識，即為「論理學」、亦即「邏輯學」。

獨立存在的「本質」範疇

亞里斯多德根據對謂詞的分類，將存有區分為十種，包括本質、量、質、關係、何處、何時、姿態、擁有、主動、被動，統稱為「十範疇」。其中唯一具備特殊地位的，就是「本質」範疇。一般而言，所有的謂詞都可以用來稱謂主詞、但不能互相稱謂，例如「紅的」、「高的」、「靜止的」、「在下面的」，人們可以說：「某某是紅的」，但不能說「紅的是高的」。但唯有屬於「本質」範疇的謂詞可不依附主詞而獨立存在、亦也可做為主詞，接受其他謂詞來稱謂。本質範疇又可分為兩類：第一類是代表個別事物的謂詞，例如「蘇格拉底」、「柏拉圖」可以加上其他謂詞成為「蘇格拉底是醜的」、「柏拉圖是高的」；第二類為代表個別事物種類的謂詞，例如「人」、「動物」、「塵土」，可被其他謂詞稱謂，例如：「人是白的」、「動物是正在走路的」。「本質」指的是事物不變的核心成素，如果事物失去了本質，就不再是原先的事物了。例如某甲屬於「人」的種類、擁有「人」的本質，如果他失去了這項本質，就不再是人、不再是某甲了，例如某甲因為死亡而失去人的本質，而化為一堆塵土。

不能單獨存在的「偶性」範疇

事物可分為十種範疇，除了具有特殊地位的「本質」範疇之外，尚有九個依附本質才能存在的「偶性」範疇，分別是：①量：如一雙手、五尺等等。②質：如白的、美的。③關係：如一半、雙倍、父子。④何處：如在市場、在教室。⑤何時：如昨天、去年。⑥姿態：如正在躺著、正在坐著。⑦擁有：如著衣的、著鞋的。⑧主動、動作：如正在切割、正在燃燒。⑨被動、承受：如被切割、被燃燒。這九個「偶性」範疇都是用來稱謂主詞，並且依附於主詞才能存在的，例如：「花是紅的」，紅並不能脫離花而存在，它總是屬於某個東西的紅。因此可知，相對於不變動的「本質」，附屬在事物之上的「偶性」是可以發生變動的。舉例而言，某甲擁有「人」的本質，也擁有膚色、體態等可以發生變動的偶性，某甲並不會因為這些偶性的變動而不再是人。

透過陳述句中謂詞的分類與使用方法的界定，人們在講述、思考各種事物、現象時，就能依據正確的方式描述與推論，確保最後所得為正確的結果。

事物（存有）的十種範疇

標準的陳述句

S主詞	+	be連接詞	+	P謂詞
做為語句主體		連結形成語句		用以描述、界定主詞

例如： **The man**   **is**   **sculptor**
good
white
walking

> 由於謂詞必須藉由be連接詞才得以與主詞有所關聯，所以各式各樣的謂詞即稱為「being（存在的事物）」，中文稱為存有。

> 同主詞可以藉由be連接詞接上各種謂詞

Being＝謂詞＝各式各樣的萬物
（存有）

萬事萬物可分為十種範疇

第1範疇 本質

第 1 類：個別事物之名
例如蘇格拉底、柏拉圖

第 2 類：個別事物所屬的種類
例如人、動物

第2範疇 量 例如一雙手、五尺

第3範疇 質 例如：白的、美的

第4範疇 關係 例如一半、父子

第5範疇 何處 例如在市場、在教室

第6範疇 何時 例如昨天、今年

第7範疇 姿態 例如在坐著、在躺著

第8範疇 擁有 例如著衣的、著鞋的

第9範疇 主動 例如正在切割、正在燃燒

第10範疇 被動 例如正被切割、正被燃燒

可以接受其他謂詞來稱謂
例如：「蘇格拉底是醜的」、「動物是會活動的」

歸類為

本質
- 為萬物的基礎。自身不發生變動，能夠承載偶性上的變化。
- 如果某事物的本質消失，該事物也就毀滅了。

不能接受其他謂詞來稱謂
例如：不能説「紅的是高的」、「正在走路是被切割」

歸類為

偶性
需附屬於本質，不可獨立存在。

研究工具：語言

亞里斯多德在論理學研究中，除了將代表不同謂詞的連結關係所形成的不同「存有（being）」區分為十種範疇之外，也探究了「主詞＋連接詞＋謂詞」完整陳述句結構的分類、以及句與句之間的推論原則。掌握正確的推論方法是一切研究的基本規範，這是亞里斯多德獨特的貢獻。

保證思考正確的論理三律則

亞里斯多德在教導論理學的《分析前、後論》中重新整理了進行哲學思考時必須遵守的三個基本的律則，這三個律則即是：同一律、矛盾律、排中律。同一律是指「任何事物必須與自己相同」，例如「人」必定是「人」。矛盾律是「同一事物不能『同時』既是A又不是A」，例如，一杯水不能同時既是冷的又不是冷的。排中律則是「一件事物若不是A，則必是非A」，例如，一朵花若不是紅色的，則必是「非紅色的」。人們進行思考時完全不可能違抗論理三律則，否則就會陷入自相矛盾的不合理情況，例如違反同一律的「那座塔樓不是那座塔樓」、違反矛盾律的「那個圖形同時既是圓形、又不是圓形（或是『圓的方形』）」、違反排中律的「那朵花不是紅色的、也不是非紅色的」，這些語句顯然不合理、人們也根本無法設想違反三律則的語句究竟指的是什麼，這些情況都是不可能存在的「非存有」。對亞里斯多德來說這三個不需證明即成立、無可違抗的鐵律，正是萬物不得不如此存在的基礎結構，根據三律則所做的推論，也必然能得到真理的保障。

命題的四種形式

在論理學中，一個表達判斷的陳述句便是一個「命題」，藉由「主詞＋連接詞＋謂詞」的方式來表達主詞和謂詞之間的關係。命題也是一切研究真理知識的人所要處理的對象。最簡單的命題可以根據主詞與謂詞之間是完全或僅只部分蘊含、以即是肯定或否定的關係而區分成四種形式：①全稱肯定命題，即「所有S是P」，例如「所有人是會死的」。②全稱否定命題，即「所有S不是P」，例如「所有豬是不會飛的」。③偏稱肯定命題，即「有些S是P」，例如「有些狗是會聽話的」。④偏稱否定命題，即「有些S不是P」，例如「有些昆蟲不是螞蟻」。人們一般所說的陳述句經由安排、改寫，都可以被改為標準的形式，例如：「桌上的東西我都不喜歡」，可以改寫成全稱否定命題：「所有『桌上的東西』不是『我喜歡的』」。

命題中的三種蘊含關係

另外尚須注意的是，主詞和謂詞不涉及發生機率的蘊含關係稱為「一般蘊含」，例如「有些人是白皮膚的」；另外，若發生機率為百分之百的蘊含關係是「必然蘊含」，例如「所有人必然是由肉與骨構成的」；有可能發生的蘊含關係則是「可能蘊含」，例如「有些人可能是善良的」。命題中的蘊含關係不同會影響到推論的結果，例如從可能蘊含的「人可能是會死的」和「蘇格拉底是人」兩個命題，只能推論出「蘇格拉底可能會死」，但是如果「人」和「會死」是必然蘊含的關係，則可以推論出「蘇格拉底必然會死」。

三段推論

只有一個命題並無法形成推論，最基本的推論是由兩個含有相關主詞、謂詞的命題相連結為前提，由前提再推出其後的第三個命題做為結論。這種推論是三個命題組合而成，故稱「三段推論」。亞里斯多德在《分析前論》中曾鉅細靡遺地研究過九百多種三段推論，其中最簡單的例子有：①「所有M是P」，且「所有S是M」，所以「所有S是P」；例如「所有人是會死的」，且「所有國王是人」，所以「所有國王是會死的」。②「所有P是M」，且「所有S不是M」，所以「所有S不是P」；例如「所有男人是人」，且「所有石頭不是人」，所以「所有石頭不是男人」。③「所有M是P」，且「所有M是S」，所以「所有S是P」。例如「所有人不是會飛的」，且「所有人是理性的動物」，所以「所有理性的動物不是會飛的」。

亞里斯多德認為，每個三段推論只要前兩個命題成立，則第三個命題必然也會伴隨著成立。只要通過有效的三段推論，都必然能得出正確的結果。例如有一個三段推論是：「所有人不是會飛的」，且「蘇格拉底是人」，所以「蘇格拉底不是會飛的」，假如前兩個做為前提的命題為真，有效的三段推論能保證做為結論的命題必然為真的，亦即蘇格拉底真的不會飛。這無疑是一種能保證真理的工具。

需特別留意的是，正確的三段推論並不保證前提和結論一定是真的，而是保證若前提都為真，則結論必然為真。例如「所有電燈是植物」，且「所有植物是會游泳的」，所以「所有電燈是會游泳的」。這是一個百分之百有效的、正確、合理的三段推論。但由於兩個前提並不是真的，所以得出的結論並不是真的。因此，若要藉三段推論來發現真理，人們還必須確定前提皆為真才行。

從命題到推論

<table>
<tr><td rowspan="4">思考的基本規則</td><td colspan="3">**論理三律則**</td></tr>
<tr><td colspan="3">思考、推理的基本規則，是不證自明、不可違抗的鐵律。</td></tr>
<tr><td>**同一律**</td><td>任何事物必與自己相同，即A必是A</td><td>例如：蘇格拉底必定是蘇格拉底</td></tr>
<tr><td>**矛盾律**</td><td>同一事物不能「同時」既是A又不是A</td><td>例如：一個人不能同時是會死的又是不會死的</td></tr>
</table>

| 思考的基本規則 | **排中律** | 一件事物若不是A，則必是非A | 例如：一個人若不是死的，則必是非死的 |

一個陳述句

主詞	+	連接詞	+	謂詞
S		**be**		**P**

＝

一個命題

四種形式

❶全稱肯定	**❷全稱否定**	**❸偏稱肯定**	**❹偏稱否定**
所有S是P	所有S不是P	有些S是P	有些S不是P
例如：所有人是會死的	例如：所有人不是會飛的	例如：有些人是女人	例如：有些人不是白皮膚的

三種蘊含關係

❶一般蘊含	**❷必然蘊含**	**❸可能蘊含**
S是P	S必然是P	S可能是P
例如：人是兩足的	例如：人必然是會死的	例如：人可能是會蓋房子的

命題的基本形式與相互關係

思考的基本規則

論理三律則

確定命題之後，就可以將兩個主詞、謂詞互有相關的命題連結做為前提，進一步推演出第三個命題做為前後一致的有效結論。

前提❶
S是P
希臘人 是 人
主詞1　　謂詞1

＋

前提❷
P是P′
人 不是 神
主詞2　　謂詞2
（謂詞1）

➡

結論
S是P′
希臘人 不是 神
主詞1　　謂詞2

相同

主要的推論方法

三段推論

三個命題（包含兩個前提、一個結論）所組成。只要前提成立，結論必然也會成立。

	前提❶	前提❷	結論
例❶	所有M是P 所有人是會死的	所有S是M 所有國王是人	所有S是P 所有國王是會死的
例❷	所有P是M 所有聰明人是學哲學的	所有S不是M 所有懶人不是學哲學的	所有S不是P 所有懶人不是聰明人
例❸	所有M是P 所有人是理性的動物	所有M是S 所有人是會死的	所有S是P 所有理性的動物是會死的

三段推論中，只要兩個前提是真的，結論必然也是真的；若前提是假的，則不保證所推出的結論一定是真的。

明證論理學vs.辯證論理學

有異於其師柏拉圖從普遍為人所接受的意見出發，經對話而取得共識；亞里斯多德所採取的哲學方法是從不證自明、真的前提出發，進而推演出正確的結論。亞里斯多德稱自己的論理學是「明證的論理學」，柏拉圖則是「辯證的論理學」。

辯證的論理學

亞里斯多德在談論柏拉圖的「辯證的論理學」時指出：辯證的論理學是從個別的人所抱持的不同「意見」出發，例如討論「什麼是正義」時，眾人各自提出「正義就是有借有還」、「正義就是報復敵人」等意見，經由反覆的詰問、討論再得出眾人都同意的結論。縱然柏拉圖相信，透過辯證術能夠走上接近真理之路，然而即使被多數人、甚至所有人接受的想法，卻可能是不正確的，例如，這些想法可能只是眾人習焉不察的成見，或是在討論中都犯了同樣的錯誤而沒有被察覺出來。因此，辯證的論理學起點並非真理，所得出的結論只能視為多數人或所有人所接受的「意見」，而不能確保為「真理」。亞里斯多德認為，這種「辯證的論理學」只能適用於使城邦公民在公共事務上取得共識，而不適用於研究真理。

明證的論理學

相對於辯證的論理學以「意見」為起點，亞里斯多德的「明證的論理學」則是以「真理」為起點。「真理」是不受各人意見所影響、不能被反駁的，只憑自身便能成立，而不必再有條件地依靠其他前提。由於三段推論需要由真的前提開始，才能保證所推導出的是真的結論，也才能擔當真理上的保證；倘若一個前提的真、假尚不能判斷，便無法保證由這個前提所推出的結論也是真的了。因此，明證的論理學必定要以不證自明的真理為起點，經由正確的三段推論再導出真的結論。比方說，「所有人都會死」、「蘇格拉底是人」這兩個前提是不證自明的真理，所推演出的「蘇格拉底會死」的結論必然是真的。若這兩個前提的真假還尚待其他前提的證明，則結論的真假也就有疑慮了。亞里斯多德的「明證的論理學」，替西方兩千多年來所有學科奠定了研究規範，一般稱之為「傳統邏輯」。

兩種論理學的對照

辯證的論理學與明證的論理學是兩種不同的追求真理的方向：辯證的論理學乃是從特殊到普遍，容許從較狹隘的意見出發，通過彼此間的對話反詰而不斷修改原先的意

見，使之涵蓋範圍增廣，乃至於趨近真理；明證的論理學乃是從普遍到特殊，直接以不證自明、普遍涵蓋一切的真理為起點，通過個人獨白式的推論來解釋特殊對象，以得

出特殊對象的真理。這兩種論理學形成了兩種不同的研究典範，在後世的哲學發展中，在不同的哲學家身上，皆可發現不同典範的影子。

明證的論理學 vs. 辯證的論理學

明證的論理學 / 辯證的論理學

明證的論理學	提出者	辯證的論理學
亞里斯多德	提出者	柏拉圖
三段推論 透過必為真理的兩項前提推論出必然為真的結論。	推論過程	**辯證術** 由個人不同意見出發，經由反覆詰問、辯論而得出眾人均同意的結論。
獨白式的研究 由一個人進行獨自的哲學沉思。	研究方法	**對話式的研究** 由兩人以上進行哲學的對話、反詰，廣泛地與不同的人討論，以接近真理。
只要前題為「真」，結論亦必為「真」。	特徵	結論為多數人或所有人所接受的意見，無法確保為真理。

舉例

前提① 人是理性的動物
＋
前提② 柏拉圖是人
↓
結論 柏拉圖是理性的動物

暫時結論 人是理性的動物
↑
暫時結論 人是雙足無毛、會思考的動物 ＋ **對話者C** 拔毛的雞也是雙足、無毛的動物
↑
對話者A 人是什麼？ ＋ **對話者B** 人是雙足無毛的動物

137

亞里斯多德②：森羅萬象的世界

對於柏拉圖以理性所認識、掌握的「相」來說明萬物的原因，卻出現了相與感官萬物互相分離而無法解釋萬物的困境，亞里斯多德則另闢蹊徑，創立了一組嚴謹的架構來研究自然萬物：包括對萬物的不變本質與會變動的偶性做出區分、以潛能與實現來分析萬物由某一狀態轉變為另一狀態的變動過程，以及對形式、動源、目的、質料的四大原因詳加分類，並據以理解變動的萬物，使得萬物彼此之間都被這些架構聯繫成完整的體系，而形成一個井然有序的「層級宇宙」，展現出在感官中不斷變動事物所隱藏的理性秩序，從而將感官的內容也納入知識，而不必像柏拉圖將知識與感官萬物分離。在層級宇宙之中，「神」做為最頂端的層級，而「人」的靈魂則同時具備了神性與動物性，因而處於樞紐的地位。

- 亞里斯多德如何批評其師柏拉圖？又創立了什麼研究途徑？
- 亞里斯多德的基本立場為何？
- 研究萬物的運動變化，有什麼根本上的困境？亞里斯多德又如何解決？
- 什麼是事物的「潛能」、「實現」？
- 萬物運動變化的「原因」有哪四種？
- 「層級宇宙」是什麼意思？人在宇宙中的特殊地位為何？
- 「神」是什麼？亞里斯多德如何談論「神」？

亞里斯多德對其師的批評

柏拉圖繼承蘇格拉底以追求事物的普遍定義做為真正的知識，卻因在事物之旁設立「相」而無法圓滿地解釋相與感官事物之間的關係，使得在個別感官事物中找到真理的努力陷入僵局。亞里斯多德則評論了「相」的設定，並嘗試進行新的研究。

批評①：不能從自然萬物中分離出「相」

為了要解釋自然萬物，柏拉圖在相同種類的個別事物之旁設立了相，例如，在眾多個別的人之旁設立「人之相」做為解釋每一個個別的人的憑藉。由於「相」是抽象、普遍的思想對象，因而不得不與個別的具體感官對象分離而獨存。然而，亞里斯多德認為只有在數學中才能將普遍的相與個別事物分離，例如，數學中的「圓形」是指「所有與中點等距的周圍所構成的圖形」，此定義乃是從具體的球體抽離出的「圓形之相」的概念，抽象的「圓形」概念與具體的球體是分離的。但是在自然萬物中並非如此，例如人的普遍定義為「理性的動物」，「動物」是指包含了有血肉骨頭、會活動等只有在感官中才能觀察得到的內容，含有具體形象、並非是完全抽象的，所以「人之相」無法與感官內容分離。因此亞里斯多德批評「相論」不適用於研究含有感官內容的自然萬物，而只適用於數學研究。

批評②：「相」無助於對事物的了解

亞里斯多德認為，柏拉圖「相」的設定一來無法有效解釋「相」與感官中的自然萬物的關係（參見92頁）；二來，「相」對人們理解感官中自然萬物並沒有助益，例如「人之相」為「理性的動物」，但這無法解釋為什麼人有各種不同的外貌、特徵、行為、習慣、以及異於其他動物的活動和表現；此外，「人之相」既然是只存在於可知的世界的完美真理、並非可見的世界中的具體事物，自然也就不存在可見的世界中任何一個實際的人身上；因此，有多少種類的事物，就必須在思想上再設立多少種類的相，但卻又無助於解釋。對此，亞里斯多德嘲弄道：那些假定自然萬物均有一與其同名之「相」的人，猶如一個想要計數的人，原本較少的數量已經算不完了，卻又自添麻煩地以加倍的方式來計算。

批評③：「數」無法做為事物的本質

在柏拉圖晚年的對話錄《提邁歐司篇》中，暗示著應透過數理研

究萬事萬物變動與不變的關係；柏拉圖學院裡的後輩也談論到「相」即是「數」，「數」可做為一切事物的本質、原因。對此，亞里斯多德指出，「數」並不能做為各式各樣、形形色色事物的原因，例如將某一數字當做蘇格拉底的本質，這顯然是很奇怪的；除非說，萬事萬物是透過某種「數的比例關係」而存在，例如蘇格拉底的靈魂與肉體結合的比例數字、蘇格拉底肉體各部分組成成分的比例數字等。但若是如此，「相」不就是「數」，而應是一種「比例關係」。

亞里斯多德對「相」的批評

「相」論的建立

蘇格拉底探尋人事的原因
蘇格拉底藉由對話、反詰的歸納論證方式探尋倫理對象的普遍定義。

柏拉圖延伸設立了「相」
柏拉圖將普遍定義由倫理擴及自然萬物，並在事物之旁設立了分離而獨自存在的「相」做為事物的原因。

造成難題

無法有效解釋
「相」與感官事物之間的關係

試圖解決

- 柏拉圖曾試圖以「分有說」及「模仿說」解釋兩者的關係，但都失敗了。（參見92頁）
- 晚期引入畢達哥拉斯「數」的理論，主張相是數，數與事物有關連，故相與事物有關連。

批評

批評❶ 不能從自然萬物中分離出相
自然萬物的定義必然包含了感官內容，無法自感官內容中分離出「相」；只有數理之學的定義才能與個別個體事物分離。

包含了人的身體、動作等感官才能觀察的具體內容

人 —不能分離— 人之相 理性的動物

人的普遍定義已經包含著具體的感官內容，不是完全抽象的

感官可見的具體球體

球體 —可分離— 圓形之相 所有中點等距的周圍所構成的圖形

從具體的感官對象所抽離的概念

批評❷ 相的設定是多此一舉
即使掌握了事物的「相」，仍無法了解事物實際的樣貌、特徵、活動、表現……等存在狀態。

人之相 理性的動物 —不能解釋→ 人有兩足 人會跳舞 人能彈琴 ⋮

批評❸ 把數當成原因是荒謬的
「數」不可能是某個特定事物的原因，只可能是事物的某種結構、比例關係。

數字 ≠ 蘇格拉底
例如9

數字不可能成為原因

以「本質／偶性」解釋事物變與不變

即使亞里斯對柏拉圖的「相」的假設多所批評，但是柏拉圖所主張「原因必然不會變動」的基本態度，卻是亞里斯多德毫不懷疑的。對此，亞里斯多德創立新的途徑，藉由本質與偶性的區分從變動的自然萬物中找出不變的真理。

新的研究：本質與偶性

為了不重蹈柏拉圖另立「相」卻招致「相與感官事物各自分離、無助於解釋」的窘境，亞里斯多德重新檢視了自然萬物中變動與不變動的部分之間的關係。亞里斯多德透過分析與思想息息相關的語言元素和結構，將形形色色事物的存在（即存有）區分為「本質」範疇與其他九個「偶性」範疇，分別對應著不變與變動的部分。（參見130頁）在看似變動不居的萬事萬物中，事物的「本質」是固定不變的，但本質所處的狀態、情境卻是流變不止。例如用做指稱每一個體的「我」，即使「我」的體重、膚色、年齡、健康狀態、是否結婚生子、所住的地點、所經歷的時間、所擺出的姿態等情況發生變化，也不會改變「我」仍是「我」、我仍是同一人的事實。因為「我」的本質是「人」，我之所以做為人的事實不會因個體的身高體重上的「量」、所擁有的能力特徵的「質」、與人事物的「關係」、所處的「地點」、「時間」、呈現的「姿態」、做出的「行為」等九種會變動的情境與狀態而

改變。不隨時間流逝而改變的「本質」，正是每一個體既能處於變動、又能在某層面維持不變的原因。相對於不變的「本質」部分而言，會不時變動的各種情境、狀態即為「偶性」。

藉由「本質／偶性」這一組架構，事物的運動變化也獲得了新的觀察角度。本質可以解釋為什麼某項事物在運動變化中仍然能維持自身的不變，而偶性則可以解釋運動變化中該事物所改變的內容，這些偶性內容上的改變，並不會使得某物不再是某物，某物仍可藉由本質來維持它的同一性。

「本質」不會有與感官事物分離的難題

雖然柏拉圖「相」的設定也是為了解釋事物在運動變化時仍能維持不變的理由，例如在人的各種差異的活動中，因為有「人之相」，所以經歷這些變化仍舊是人。但是，亞里斯多德所談的本質與「相」有重要的差別：本質可以是感官所感知到的個別事物、不像「相」是完全抽象的思想對象。舉例來說，蘇格拉底這個個體是本質，而蘇格拉底是由骨、肉等各

種物質材料組成，是感官才能感知的內容，由這個具體的個體做為本質來承載著量、質、關係等偶性上的各種改變；但以柏拉圖的相論而言，相只能是抽象、普遍的思想對象，蘇格拉底這個個體並不是相，其所屬的種類「人」才是相，但是「人」必然非單指蘇格拉底這個人，而必須是不特定地泛指一切的人，所以「人」必定不等同於蘇格拉底這個個體而形成個體與相分離。如此一來，亞里斯多德所說的「本質」既不會產生與事物分離的難題、又可做為能解釋變動事物的不變真理。

亞里斯多德以「本質與偶性」取代柏拉圖「相」的主張

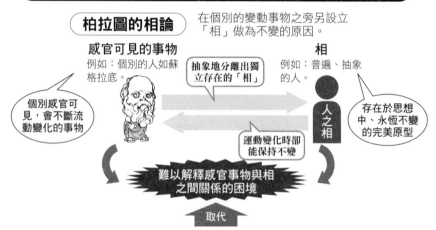

柏拉圖的相論

在個別的變動事物之旁另設立「相」做為不變的原因。

感官可見的事物
例如：個別的人如蘇格拉底。

個別感官可見，會不斷流動變化的事物

抽象地分離出獨立存在的「相」

運動變化時卻能保持不變

難以解釋感官事物與相之間關係的困境

相
例如：普遍、抽象的人。

人之相

存在於思想中、永恆不變的完美原型

取代

亞里斯多德的十範疇

在個別的變動事物身上找出會變動的偶性與不變的本質。

偶性

附屬於本質上，可以隨本質所處的狀態而不斷變動，但不影響本質、也不會影響該事物的存在。例如：量、質、關係、何處、何時、姿態、擁有、做、被做。

蘇格拉底
- 重175磅 .... 量
- 醜的 .... 質
- 柏拉圖的老師 ...... 關係
- 在雅典 .... 何處
- 今天 .... 何時
- 站著 .... 姿態
- 有穿衣 .... 擁有
- 在思考 .... 做
- 被譏笑 .... 被做

本質

事物之所以成為事物的基礎。本質不會改變，若一件事物失去本質，表示該事物已毀滅、不再是該事物。本質可以包含感官內容、不像「相」是完全抽象的。本質可分為以下2類：

❶個別事物之名
例如：蘇格拉底本質為蘇格拉底。

❷個別事物的種類
例如：蘇格拉底是人。

個別事物
例如：個別的人如蘇格拉底。

+　=

可以解釋事物在運動變化中改變的實際內容。

可以解釋事物在運動變化中哪些部分維持不變、以及不變的原因。

運動變化的詭論

解釋變動萬物時所引發的哲學問題，除了柏拉圖設定「相」所產生的困難之外，還有一個歷史更為悠久的脈絡，亦即由伊利亞學派的芝諾所提出的詭論。他用各種方式證明了運動變化本身是自相矛盾的，因此無法解釋，使得欲解釋變動萬物的自然學家屢屢遭受挑戰。亞里斯多德則直指，困境的癥結在於「無限」這個概念。

無法以理性理解運動變化的瓶頸

在亞里斯多德之前的宇宙論時期，專注於解釋變動萬物的自然學家們就已經發現一切的運動變化都是一連串由開端到結尾的連續過程，事物從開端的「是某物」、「在某處」轉變成「不是某物」、「不在某處」的狀態，例如太陽從原來的東邊移動到「非東邊」的西邊、種子長成已經不是種子的大樹等等。在解釋事物如何從「是某物」變成「不是某物」，以及如何從「在某處」變成「不在某處」時，如果有人回答：「杯子的移動是因為有人用手去拿，所以杯子從A處移到了B處」；但隨之還可以追問：「為什麼手可以從A處移到B處，而使得杯子被從A處拿到B處？」如果再回答：「因為那是出於某人的意願決定的」，那麼還是可以問：「為什麼他的意願可以使『是某物』變成『不是某物』」？無論採取什麼回答，還是會回歸到同一問題：「『是某物』變成『不是某物』這個變化本身究竟是如何能存在的？」

根據思想三律則中的同一律來看，某物必然只能是某物，而不能是「不是某物」，那麼，某物從「是某物」變成「不是某物」就違反同一律了。違反思想鐵律的情況竟然充斥在人們所習以為常的一切感官現象中，最後人們只好這樣說：因為感官內容實際上就是如此呈現，並無其他理由，感官內容本來就是充滿著「是某物」變成「不是某物」的情況。因此這種情況是不能證明、沒有理由的，也就是無法認識、理解的非理性狀況，人們只好透過感官被動地接受這個事實。

芝諾的詭論

鑑於上述運動變化的非理性的特徵，巴門尼德斯的學生芝諾就從這個特徵上著手，發揮其師「一切變動都是不可理解」的主張，做出許多聞名古今的詭論。例如「阿基里斯追不上烏龜」：阿基里斯是著名的飛毛腿，但有一隻烏龜在它前方爬行，他將永遠追不上烏龜，因為每當他到達烏龜原先的位置時，烏龜又已經爬到下一個位置，阿基

里斯只能接近烏龜、卻趕不上更無法超越烏龜。另如「飛箭不動」詭論：飛箭由起點到終點的距離可以被分割成無限多的點，在每一個點上的飛箭都是靜止不動的，因此飛箭前進的距離為零，無限多的零加起來還是等於零，因此飛箭根本沒有移動，運動只是一種假象。這些詭論的推論過程看似無誤，但所推得的結論卻十分奇怪、明顯與人們的經驗相違背，芝諾便藉此益發增加了運動變化的非理性特徵。

詭論的癥結點在「無限」

在亞里斯多德以前，學者仍無法有力地反駁這些令人困惑的詭論，以致於有人完全屈服於這些詭論，而將變動視為虛假不可理解的。亞里斯多德在《自然學》中指出問題的癥結在於「無限」這個的概念。前人認為運動變化是連續的過程，如飛箭從起點到終點的距離、種子變成大樹的時間等都是如此，而連續的過程可以被無限地分割；但是「無限分割」一事卻是人以有限之年、有限的思想所無法窮盡、驗證的。

此外，前人無法合理解釋的「是」（或「在」）如何變化成「不是」（或「不在」），因為「是某物」、「不是某物」為兩個端點，而要使一端得以過渡至一端就必須有一中介加以連結才行。既然運動變化的過程是連續的，那麼中介也必然是連續的，連續的過程可以無限分割，當然中介也同樣可以無限分割。但是，不論被分割出的是多麼微小的單位，在每一小單位中必然仍具有兩端點，一端為「是某物」，另一端為「不是某物」，兩端點之間同樣需要一中介加以溝通，使一端得以過渡至另一端。如此一來，連續過程中賴以連結的中介因而形成了無限分割，同樣超乎人類在有限之年、有限思想所能驗證的範圍，因此始終無法做出合理的解釋。

運動變化所造成的難題

過去	運動變化	現在

過去 — **是某物 在某處**

例如：種子
是種子

例如：杯子
2分鐘前在此處

連續過程 可被無限分割

現在 — **不是某物 不在某處**

例如：大樹
不是種子，是大樹

例如：杯子
現在在他處，不在之前的位置

無法合理解釋「是」如何變為「不是」，「在」如何變為「不在」

形成

芝諾的詭論

詭論❶ 飛毛腿追不上烏龜

飛毛腿阿基里斯追趕跑得最慢的烏龜。烏龜在前、阿基里斯在後，阿基里斯必須先跑完與烏龜原先相差的距離，但烏龜也同時往前爬一段距離，所以阿基里斯趕不上烏龜。

彼此距離會一直縮短至無限小，但永遠不會是零。

時間點1　時間點2　時間點3　時間點4

詭論❷ 飛箭不動

神箭手對箭靶射出箭，由起點到終點可以分為無限多點，飛箭只是此時此刻在此點、彼時彼刻在彼點，運動是箭在不同時刻處於不同位置的總和所構成的假象，飛箭本身是不動的。

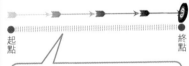

起點　　　　　　　　　　終點

- 飛箭所在的無限多個點，每個點行進的距離都是零
- 無限多個零累積起來仍是零

亞里斯多德的對策
因人的壽命、思想範圍有限，所以「無限」無法被人們理解、驗證。

以潛能、實現的概念提出事物運動變化的解釋

運動變化：潛能與實現

為了能適當地解決「無限」所引發的問題，亞里斯多德藉著「潛能／實現」的架構，一方面排除了芝諾詭論內藏的陷阱，一方面也能以此組架構做為理解運動變化的依據。

潛能、實現與運動變化的關係

亞里斯多德所提出的「潛能」與「實現」並非事物的性質，而是事物與事物之間的發展關係。所有變動的事物具有一種可變為其他狀態或事物的「潛能」；運動變化即是該事物朝向「潛能」中可能變成的狀態、事物轉變的「實現」過程。要特別留意的是，運動變化既不是「潛能」、也不是「實現」本身，因為「潛能」是指尚未發生運動變化，而「實現」則是已經運動變化完成，運動變化則是某一事物由「潛能」過渡到「實現」的中間過程。以種子和樹苗為例，種子相對於樹苗而言是「潛能」，樹苗相對於種子而言是「實現」，種子和樹苗本身並不是運動變化，由種子過渡到樹苗的這一段過程才是運動變化，亦即「發芽活動」。由此可知，種子和樹苗就其自身而言都不發生運動變化，運動變化必須是相應於對方而言才發生的、一組從「潛能」轉變到「實現」的相對關係。是故，亞里斯多德對運動變化所下的定義是：「某一可變動的事物就其做為潛能而言的實現」。

破解芝諾「無限」的詭論

針對芝諾的詭論，亞里斯多德指出其癥結在於：芝諾將運動變化的過程視為可以分割成無限多的點，而為人有限的智能所不能窮盡。亞里斯多德認為，運動變化的過程並不是由無限多的「點」所構成的，而應該是一段完整、不可分割的「連續」過程。根據亞里斯多德的定義，運動變化只能是某物或狀態由「潛能」到「實現」的連續過程。以毛毛蟲變成蝴蝶的「生長活動」為例，這段運動變化的起點是做為潛能的毛毛蟲，終點是做為實現的蝴蝶，唯有兩者彼此處於潛能與實現的相對關係中，才會形成中間這一段變動的過程、才能稱為「生長活動」；而如果像芝諾那樣將此段過程分割成無限的點，每一點均有獨立的「起點」與「終點」，則點自身是完全沒有運動變化可言的，如毛毛蟲自身做為獨立的「起點」（尚為潛能）、**蝴蝶**自身做為獨立的「終點」（已為實現），都不是運動變化。因此，運動變化是連續的、不可分割的。亞里斯多德捨棄了運動變化的過程可

以無限分割的錯誤觀點，運用「潛能」與「實現」的相對關係，把運動變化視為完整的連續過程，藉此破解了芝諾的詭論。

解決「是變成不是」的矛盾

另一方面，對於巴門尼德斯主張事物經由運動變化是會由「是」（或在）變成「不是」（或不在），而同一事物不可能既是「是」什麼又「不是」什麼，因此違背了同一律而不可理解。但亞里斯多德認為只要運用「潛能」與「實現」這一組相對的關係，就可以恰當地解釋其中存在著運動變化的原理。所有可變動的事物都是處在潛能與實現的關係中，而不能獨立於這個連續過程來理解。例如，「種子」是生長活動的潛能狀態、由種子長成的「大樹」則是歷經生長活動後的實現狀態；一個杯子「在此處」是位移活動的潛能狀態、移動後「在彼處」則是歷經位移活動後的實現狀態，因此，「是」變成「不是」只是同一事物變動前後的兩端，並不會發生理解的矛盾。

變動的事物可以被安排在秩序裡

人們放眼所見的自然萬物無不處於運動變化的狀態，而運動變化又是一段連續的、不可分割的過程，因此，變動中的自然萬物也必定彼此處於交互變動的連續關係中。以亞里斯多德的「潛能／實現」架構來看，一切變動中的自然萬物既可以是潛能、又可以是實現，例如樹苗對於種子而言是實現，但是對於大樹而言仍是潛能；而原本由種子發芽成樹苗、樹苗茁壯成大樹的這兩段過程，就由樹苗同時做為實現與潛能，將這兩段過程、以及將種子與大樹串連成一個完整、連續的過程。

如此一來，所有自然萬物都可以藉由「潛能／實現」串連成連續過程，進而統合在一起。自然萬物皆處於這個關係中，無法獨立於這個連續過程而存在。因此，變動萬物的秩序就藉由一個接著一個的「潛能／實現」的關係而被井然有序地安排起來，這就是亞里斯多德理解變動萬物秩序的方式。

運動變化＝潛能過渡到實現

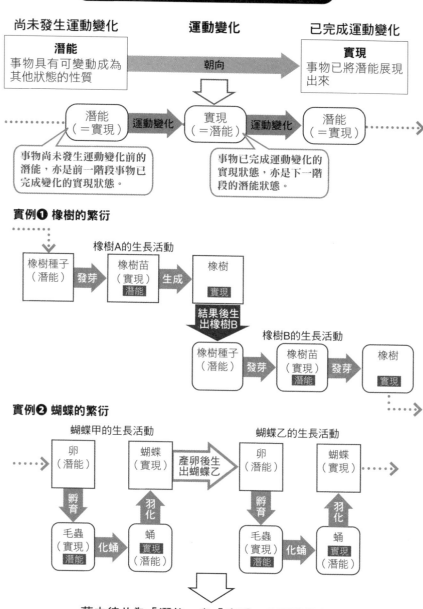

尚未發生運動變化

潛能
事物具有可變動成為
其他狀態的性質

朝向

已完成運動變化

實現
事物已將潛能展現
出來

運動變化

潛能
（＝實現）

運動變化

實現
（＝潛能）

運動變化

潛能
（＝實現）

事物尚未發生運動變化前的
潛能，亦是前一階段事物已
完成變化的實現狀態。

事物已完成運動變化的
實現狀態，亦是下一階
段的潛能狀態。

實例❶ 橡樹的繁衍

橡樹種子
（潛能）

發芽

橡樹A的生長活動
橡樹苗
（實現）
潛能

生成

橡樹
實現

結果後生
出橡樹B

橡樹種子
（潛能）

發芽

橡樹B的生長活動
橡樹苗
（實現）
潛能

發芽

橡樹
實現

實例❷ 蝴蝶的繁衍

蝴蝶甲的生長活動
卵
（潛能）

蝴蝶
（實現）

產卵後生
出蝴蝶乙

蝴蝶乙的生長活動
卵
（潛能）

蝴蝶
（實現）

孵育

羽化

毛蟲
（實現）
潛能

化蛹

蛹
實現
（潛能）

孵育

羽化

毛蟲
（實現）
潛能

化蛹

蛹
實現
（潛能）

藉由彼此為「潛能」與「實現」的運動變化關
係，看似雜亂無章的自然萬物就能相互串連在
一個井井有條的秩序中，為人的理性所理解。

149

運動變化的原因①

亞里斯多德透過「潛能／實現」說明自然萬物的變化是完整、連續的過程，而非片斷的，解決了芝諾所引起「運動變化現象無法理解」的質疑。但若僅止於此，對於了解運動變化的萬物還是不充分的，他另外也接續自然學家們與柏拉圖對於事物「原因」的了解，致力於運動變化的原因研究。

知識＝了解事物的發生原因

「原因」一詞在古希臘文中原本指的是法律意義上的「責任歸咎」，也就是某事物之所以如此發生，其責任若歸咎於某甲，則某甲就是「原因」，之後這個意思便延伸到萬物「原因」的意義，成為意指萬物之所以成為如此的理由、條件。亞里斯多德曾說，一切「知識」都是對於原因的掌握。因此亞里斯多德在研究自然萬物時除了提出「潛能／實現」這組架構之外，另外也對於「原因」做了分析。

回顧前人的原因研究內容

亞里斯多德檢討了之前的哲學家對於原因的分析，認為前人的研究並不完整，比方說，大部分的自然學家從事物的物質組成材料著眼，如泰利斯主張萬物起源於水、赫拉克利圖斯主張是火、德謨克利圖斯主張是原子等等；還有少數自然學家則在物質材料之外、注意到了使其聚合形成的動力來源，如恩培多克利斯除了提出事物由地、水、火、氣四元素組成，還主張事物的聚合是出於「愛」的促動，而分離則是由於「恨」；更有少數哲學家在質料、動力之外，還關注事物是依據何種特定結構、比例或模型所組成，才能呈現出人所能見到的形象、樣貌，如畢達哥拉斯學派主張萬物是以特定的數字比例而構成、柏拉圖主張「相」是萬物的抽象、普遍原型。回顧所有的研究，亞里斯多德認為哲學家們只著眼於質料、動源、形式三種原因中的一種或幾種，在重新進行了全面性的研究時，亞里斯多德提出事物的形成必有其所要到達的終點、目的，也就是第四種「目的因」。

原因須能涵蓋四種層面

由於人們問「為什麼」的時候，預設的答案必須是「原因」，因此「為什麼」這個詞語涵蓋多少層面的意義，回答的「原因」就會有多少種。經過分析之後，亞里斯多德認為所回答的原因可分為四種。以「為什麼雕像是這樣？」的問題為例，應該產生四種答案：第一種答案可以是「因為雕像是由石頭所構成的」，「石頭」是雕像從而產生、組成的物質材料，換言

之，此種答案所回答的是「質料因」。第二種答案可以是「因為雕像具有一定的比例、結構，使石頭得以成為雕像的形貌」，這種答案所回答的是「形式因」。第三種答案則可以是「因為雕像是被雕刻匠所製作成的」，如果沒有雕刻匠的驅動力量，石頭便無法取得雕像的形式而成為雕像，這就是

「動源因」。第四種答案則可以是「因為要製成一個可裝飾神廟的事物」，裝飾神廟是雕像之所以如此的目標、目的，所以第四種原因即是「目的因」。只有兼顧「質料因」、「形式因」、「動源因」、「目的因」四層面，才算完整、妥善地了解事物的原因。

形成運動變化的四種「原因」

前人關於「原因」的研究內容

❶研究物質、材料
例如：關於萬物的組成分子，泰利斯認為是「水」、德謨克利圖斯主張是「原子」、恩培多克利斯主張是「地、水、火、氣」、赫拉克利圖斯則主張是「火」。

質料因

❷研究形成的比例、結構
例如：畢達哥拉斯主張萬物是依照特定的數字比例所組成；柏拉圖則主張萬物是以抽象的「相」為組成的原型。

形式因

❸研究動力來源
例如：恩培多克利斯主張「愛」是萬物結合的原因、「恨」則是分離的原因；阿納克薩哥拉斯則主張「心智」才是使萬物結合的原因。

動源因

亞里斯多德的創見

研究事物形成的目的
例如：製作雕像是為了裝飾神廟。

目的因

運動變化的原因②

探求萬事萬物的原因時，必須涵蓋質料、形式、動源、以及目的四種層面的研究，因此「質料因」、「形式因」、「動源因」以及「目的因」等四種原因也就成為要充分理解事物的變動與發展時不可或缺的四個面向。

原因①：質料因

亞里斯多德所提出的四種原因之中，「質料因」即是指一事物從某種材料裡生成，並且該材料繼續保存在事物中，例如：大樹是由種子所生成，在大樹長成之後，種子的所有物質仍存在大樹中；又如房屋的質料因是磚瓦木頭，在房屋被製成後，仍保存著磚瓦木頭材質冰涼、堅硬的特性。即使人們以感官所見、觸及的事物已是質料經過改變後的形貌狀態，可能與原來的材料迥異，甚至已完全無法辨識出原材料為何，但不論如何，事物不會憑空誕生，必然是由某種材料所變成的；因此，人們只能由已完成運動變化的「實現」狀態來回溯、推測其之前原本的材料。亞里斯多德將前此的原始材料如種子、磚瓦木頭稱為「質料」。換言之，質料因就是某事物在變化之前的原初狀態或樣貌，如果由「潛能／實現」這一組架構來看，質料因就是事物在運動變化發生之前的「潛能」。

原因②：形式因

亞里斯多德所談論的形式的原因，並非事物的外觀形狀，而是指某物所顯現出來、某物之所以成其為某物所依據的特定結構，即事物必然不可或缺、固定不變的「本質」。例如房屋之所以成其為房屋而不只是一堆磚瓦木頭等質料，是因為這個由磚瓦木頭所構成的組合物具備了某種特定的結構比例、能提供遮風避雨的功能等等特徵才能稱之為「房屋」，也才擁有房屋本身所固有的「本質」，這個本質就是房屋的「形式因」。由此可知，只有磚瓦木頭這些「質料」並不能完整地構成房屋本身，還必須具備「形式」這一原因才行。也就是說，對房屋的理解不能僅止於對於質料的認識，還必須了解其形式（本質），對萬物的掌握也是如此。

如果由「潛能／實現」這個區分來看，形式因與質料因最大的差異就是，質料因是「潛能」，而形式因必定是「實現」。以建築房屋的過程為例，磚瓦木頭並非房屋，唯有建築完工之後，磚瓦木頭才取得房屋的形式，而被實現為房屋。

原因③：動源因

事物之所以其成為事物，除了有質料和形式的原因之外，還需具備有一促進變動的來源，才能夠使得質料獲得形式而成為該事物，因此若不了解促成變動的來源，就無法解釋為何單純的質料能取得某種形式而變成該種事物，促成該變動的來源就是「動源因」。在自然物如種子發芽生長成大樹的過程中，除了質料和形式之外，種子自身也必定具備了某種自發的因子，在必要的外在條件如空氣、陽光、雨水、溫度、土壤等成就時，自發因子便能驅策種子發芽生長，該因子即是「動源因」；在人造物如房屋被建造完成，只有磚瓦木頭和房屋的本質是不夠的，還必須有建築師做為促動的來源，所以建築師就是「動源因」。要了解事物的動源因，就要找到變動被促發的狀態、也就是由開始的狀態來分析出動源為何。若就「潛能／實現」這個區分來看，動源因必定是實現、而不是潛能，因為潛能本身正需要動源來促使它實現，如果動源因是潛能，那麼一切潛能都不能實現了，因此，動源因必定是實現。

原因④：目的因

除了上述三種原因之外，由於萬物皆處於變動之中，而變動皆有終點，終點的狀態即為該事物運動變化最後所要達成的目的，理解萬物的第四個原因就是「目的因」。例如建築活動最終的目的是要完成一幢遮風避雨的房屋，因此一幢具備此一機能的房屋就是建築活動的「目的因」；又例如人類長牙齒是為了咀嚼食物，因此能夠充分嚼食的牙齒即為長牙現象的「目的因」。需注意的是，亞里斯多德認為並非任何運動變化的終點狀態都是目的，只有好的終點狀態才是目的，例如建築活動施工不當，以一幢有瑕疵而不能住人的房屋告終，那麼造成這幢有瑕疵的房屋就不能說是該建築活動的目的，只能說是失敗的結果。由此可知，要分析出事物的「目的因」，可由變動結束、好的終點狀態得知變動所要達到的目的為何。以「潛能／實現」這個區分來看，由於變動的最終狀態，都是已經完成的好的結果，必定是實現，所以目的因也是實現。

「原因」與「因果關係」的差異

亞里斯多德所謂的「原因」並非近代以來所了解「因果關係」中的原因，「因果關係」指的是「兩個不同的事物」先後發生，以先發生的事物做為引發後發生者的「原因」，例如天下雨則地濕，天下雨是地濕的原因；但是亞里斯多德所謂的「四因」是對「同一個事物」在一段運動變化過程中四種面向的分析結果。

以四因來分析運動變化的事物

起點
某事物的潛能

	四因	特色	狀態
❶質料因	事物不可能憑空而來，必定是以某種原始材料做為構成的「質料」。	事物從質料而產生，並且在產生之後仍然包含著同一質料。	事物尚未運動變化的潛能狀態。
❷形式因	事物必定具備一定的特徵、結構。	為事物之所以成為如此的理由，亦即事物的「本質」。	事物已經運動變化的實現狀態。
❸動源因	促使質料朝向獲得形式而變動的來源。	是運動變化開始的起點。	事物已經運動變化的實現狀態。
❹目的因	運動變化所要完成的目的。	是運動變化結束的終點。	事物已經運動變化的實現狀態。

生成變化

終點
某事物的實現

分析方式	實例❶ 蟲化蝶	實例❷ 建築活動	貢獻
由變動後的狀態回溯、推測得出原始質料。	毛毛蟲 	磚瓦木材 	一切變動事物的產生、變化與發展均可由四因的架構分析而得知，亦即人能掌握所有關於變動事物的知識。
由掌握處於變動中事物的本質來得知形式。	蝴蝶的特徵、樣貌、生殖能力	房屋的特定結構比例、遮風避雨的機能 	
由分析運動變化的開端來得知其動源。	毛毛蟲體內蘊含了自發的生長能力 本身具有促發生長的能力	建築師的勞力 	
從分析事物運動變化的終端得知其目的，目的必須是好的，壞的結果則非目的、而是失敗。	一隻能飛、能繁衍後代的健全蝴蝶 	一棟結構完整、能供人居住的房屋 	

生生不息的層級宇宙

亞里斯多德以「潛能」與「實現」和運動變化的「四因」為架構,將萬事萬物的運動變化納入一個相互連結的整體中。自此,萬物的變動不再是混雜、無解的幻象,而是各安其位、能夠以理性了解的層級結構。

層級的宇宙

在變動不止的世界中,萬事萬物均是從潛能朝向實現而運動變化,每一事物既是前一運動變化後的實現,也是下一運動變化的潛能,變動中的各種現象便是以此架構相互連結成層次分明且有秩序的層級結構,形成世界的樣貌。

由於所有的運動變化必然有兩個端點,因此在層級分明的整個變動世界之外,必定也有兩個最終端點:最初的潛能,以及最終端的實現。「最初的潛能(質料)」是萬事萬物發端之前、還沒有實現為任何一個事物的狀態,所以稱為「純粹質料」;相反地,「最終端的實現(形式)」則是指萬事萬物運動變化的終端,不再做為任何事物的潛能(質料),所以稱為「純粹形式」。而處於「純粹質料」與「純粹形式」兩終端之間的層級,即是人們所感知的萬事萬物,每一事物都同時既是潛能也是實現,既擁有質料也擁有賦予質料本質、使質料成形的形式。「純粹質料」、「純粹形式」與中間層級三大部分構成了亞里斯多德所說的「層級宇宙」。

最低層級=純粹質料

層級宇宙中的「純粹質料」,亦即所有運動變化的一邊的終端,不包含形式,而只是所有事物可能產生運動變化的基礎。由於萬物不可能無中生有,而是由一個最終的基礎所滋長、化育而成,這個基礎只能是純粹的質料或潛能,而不是擁有形式、尚能繼續向下尋求潛能的實現。需注意的是,純粹質料是一種理論上的抽象對象,而非任何特定的具體事物;凡是人所能分辨得出的特定具體事物都具有形式、也才能被人所分辨。純粹質料是為了解釋所有事物的存在才被設定出來的最終極基礎,從純粹質料中,才能進一步產生層級宇宙中的各種事物。

混合質料與形式的中間層級①=大地萬物

接著是處於中間層級的、亦即具有生滅變化的大地萬物,也就是一般人感官所感知,豐富多樣、森羅萬象的世界。萬物的運動變化曾經被巴門尼德斯貶低為虛妄不可解的,然而,在亞里斯多德以「潛

能／實現」以及「質料／形式」所架構的層級宇宙裡，運動變化的事物能為人的理性所掌握，而不再是矛盾、無解的現象。而萬物的層級中，唯有中間層級具有一般變動的特徵。在這個層級中最低者，是具有地、水、火、氣四種形式的四大元素。稍高者，乃是由四大元素混合而成的無生物，如：山、川、岩石等等。更高一層者，是擁有靈魂的生物，其中又以只有維生機能的植物最低，再高一些則是另有感覺機能的動物，更高者即是進一步具備理性機能的人類。

混合質料與形式的中間層級②＝天界事物

中間層級中較高的層級即是天界的事物。天界事物中，各個天體具有理性秩序，且由神聖的第五元素「以太」為質料所構成。因為天體是以永恆不變的軌道在運行，其秩序是單純且亙古不移的，比起地上事物紛亂、複雜的運動變化，更能為人的心智所掌握，因此天體所具有的理性超越了其他一切變動事物。即使它們處於變動中，但那也是最接近永恆事物的模仿；即使它們仍包含質料，但那是永不毀滅的「以太」。所以天體是神聖的。

最高層級＝純粹形式的「神」

在天體之上的，最高的存有者，就是「神」了，亦即不包含任何質料的純粹形式。神是促動一切事物的原因，也是一切事物發展所朝向的目的。對亞里斯多德來說，神即是真理和美善本身，萬物都是朝著真理和美善而發展的。

層級宇宙的最高目的與樞紐

亞里斯多德以層級宇宙解釋世界，凸顯了兩個特色：一是當一切事物的運動變化的事物都被安排入一個層級分明的秩序之後，在實現上較高層級的事物，會成為低一層級事物發展的目的，例如由無機物產生有機物、再產生各種生物，生物就是無機物的目的。而最高的實現就是「純粹形式」、也就是最高位階的神，即是一切事物最終依歸的目的。由此可知，層級的宇宙即是「目的論的宇宙」，一切萬物都朝向更上一層的事物為目的而發展，最終目的則是神的理性、秩序、美善。

另一個特色是亞里斯多德完整地總結了古希臘對人具有特殊地位的看法：在層級宇宙中，人居於混合質料與形式的大地萬物之首，既擁有動物性、也能向上分享神的理性，因此可以參與、了解這整個宇宙的最終真理，是處於一切變動事物和永恆真理之間的樞紐，可謂「萬物之靈」。這對人的存在價值有一種積極、肯定的意義，這也是亞里斯多德繼承自柏拉圖以心智做為新的研究來源的成果。

秩序井然的層級宇宙

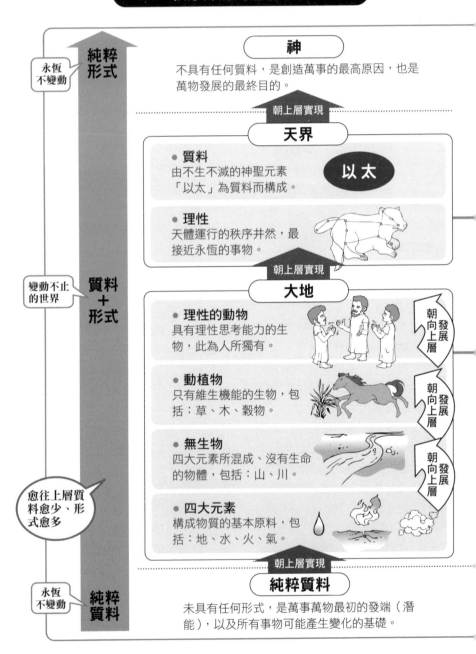

純粹形式

永恆不變動

神
不具有任何質料，是創造萬事的最高原因，也是萬物發展的最終目的。

朝上層實現

天界

- **質料**
由不生不滅的神聖元素「以太」為質料而構成。

以太

- **理性**
天體運行的秩序井然，最接近永恆的事物。

朝上層實現

質料＋形式

變動不止的世界

大地

- **理性的動物**
具有理性思考能力的生物，此為人所獨有。

朝向上層發展

- **動植物**
只有維生機能的生物，包括：草、木、穀物。

朝向上層發展

- **無生物**
四大元素所混成、沒有生命的物體，包括：山、川。

朝向上層發展

- **四大元素**
構成物質的基本原料，包括：地、水、火、氣。

愈往上層質料愈少、形式愈多

朝上層實現

純粹質料

永恆不變動

純粹質料
未具有任何形式，是萬事萬物最初的發端（潛能），以及所有事物可能產生變化的基礎。

追求屬於神的真理

人位居大地萬物之首

以理性掌握屬於大地萬物的秩序

層級宇宙二大特色

❶ 目的論的宇宙

- 運動變化的萬物都被安排入一個層級分明的秩序中。
- 在實現上層級較高的事物，就是前一層級事物的目的。
- 神是層級宇宙發展的最終目的，萬事萬物皆以神的美、善、秩序為依歸。

❷ 人的樞紐地位

- 人處於變動萬物與永恆不變的神的中間地位。
- 人可以透過自身的理性，向上追求天界的最終真理、向下了解變動事物發展的目的。

宇宙萬物的目的與根源：神

在亞里斯多德的層級宇宙中，萬物不但彼此藉由「潛能／實現」的關係緊密結合，且更是由最高層的「神」做為促使一切事物變動最初的共同來源以及最終的共同目的，將宇宙萬物統合為一個內蘊目的、秩序的完整體系。

萬物發展所歸趨的「最終目的」

在層級宇宙之中，最低層級是萬物共有的「潛能」，也就是做為萬物存在的最根本基礎的「純粹質料」；相對地，在最高的層級中有一個萬物共同趨向的「實現」，萬物皆以其為最後的實現目的，也就是不包含任何質料、永恆不變動的「純粹形式」，是最抽象、有序、美善的。亞里斯多德將位於宇宙層級中最高的純粹形式稱為「神」，神即是萬物所朝向的最終極目的。因此，從變動萬物共同的實現上來看，神是最理性、最美善的「最終目的」。

推動宇宙所有運動的「第一動源」

除了做為宇宙的最終目的，神也是引發萬物生成變動的最初來源。因為萬物皆有來源、萬物的來源還有來源，由此必定會回溯到一個最初的來源：這個最初來源是自身發生運動而不依賴其他來源、促動宇宙其他事物生成變化而本身永恆不變動，「神」就是這個最原初的發動者。因此，從萬物共同的根源上來看，神是本身永恆不變動的「第一動源」。

由神所主宰的「有限宇宙」

神既是萬物的第一動源、也是萬物的最終目的；宇宙萬物既從神而產生、也朝向神而發展，換言之，宇宙發展的起點和終點都歸之於神本身，萬物的發展的範圍無不受到神的主宰、最後都由神的尺度來決定，神也就是宇宙中一切法則的來源，是最美善的，也是萬物發展的共同目的。因此，照亞里斯多德看來，宇宙是受到神的尺度所約束，其中的萬物都以神為目的，而被統合在一個朝向神所代表的完美、和諧、蘊含意義、井然有序的層級裡。這樣的宇宙即是有始有終、有邊界限度、一切以神為依歸的「有限宇宙」。

有限宇宙vs.無限宇宙

相對亞里斯多德的「有限宇宙」，近代的物理學家對宇宙的觀點則是「無限宇宙」，意指宇宙在時間上無始無盡、在空間上也是無邊無界的，所有事物的發展並沒有一個共同的目的，也就不能以接近該目的的程度做為標準來區分萬物的高低層級，

因此萬物的地位相同、無層級之分。然而，由亞里斯多德的觀點來看，「無限宇宙」是不可理解的。因為只要對運動變化的萬物層層回溯，必定會追溯到一個最初的根源做為萬物產生順序的開端，否則將一直無止境地回溯下去，萬物就沒有誕生的根源，也就是說萬物並無誕生可言；同樣地，從相反方向去推求萬物發展的終端，必然會推出一個最終的目的，否則將無限度地推求下去，萬物也就沒有發展的目的，也就是說萬物沒有發展了。由此可知，如果萬物沒有最初根源和最後目的，而只能無窮無盡地回溯或往下推，那麼萬物的發展變動只會得出矛盾、不可理解的結論。對於亞里斯多德而言，宇宙必然是以神為尺度的有限、封閉體系。

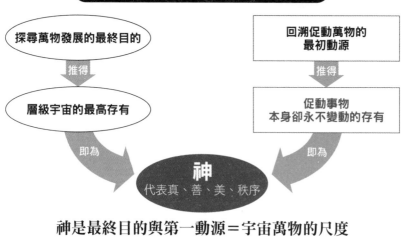

以神為尺度的有限宇宙

探尋萬物發展的最終目的

↓推得

層級宇宙的最高存有

回溯促動萬物的最初動源

↓推得

促動事物本身卻永不變動的存有

即為 → **神** ← 即為
代表真、善、美、秩序

神是最終目的與第一動源＝宇宙萬物的尺度

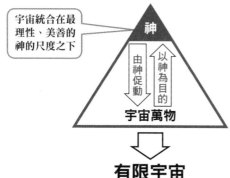

宇宙統合在最理性、美善的神的尺度之下

神

由神促動｜以神為目的

宇宙萬物

↓

有限宇宙

● 宇宙是以神為始終、受神的尺度所約束，而非無始無盡。
● 宇宙是封閉的，而非開放、無限延伸的。

生命的原理：靈魂

靈魂是生命的原理，柏拉圖認為靈魂可以分離於身體而獨存，縱然肉體會衰敗，靈魂卻是永恆不朽、不隨肉體死亡而消失。但是亞里斯多德則以身體與靈魂是「潛能／實現」的相對、不可分割關係來反駁柏拉圖的觀點。

前人對於靈魂的看法

在亞里斯多德之前，各個學者對於做為生命原理的靈魂究竟是有形體的質料或是抽象的形式，觀點並不一致。例如，原子論者主張靈魂是活動最快速的原子，因而是質料；畢達哥拉斯學派將靈魂視為身體各部位的和諧比例數字，因而是獨立於身體的形式；而柏拉圖則將靈魂視為與身體分離、永恆不變動的抽象觀念「相」。亞里斯多德並不贊同這些看法，他認為靈魂不是質料，因為質料無法促使事物活動，而靈魂卻是促使無生命體得以產生活動的生命原理。他主張靈魂是形式，但並不能與身體分離獨存。因為，靈魂既然是生命的原理，而所有活的、有生命的事物的活動，都是與身體分不開的，正如「看」這個活動不能脫離於眼睛、「走路」活動不能脫離雙腳一般，如果靈魂獨立於身體之外而存在，就無從表現出活的生命現象了。因此，做為質料的身體與做為形式的靈魂可說是一體兩面、密不可分。

靈魂是身體的實現

層級宇宙中，有著只擁有身體而不具生命現象的山、川、砂石等無生物；也有著如動植物等既具有身體、也可以生長、運動、繁衍的生物。其中的區別便在於是否擁有生命的原理—靈魂。亞里斯多德由「潛能／實現」這一組觀點來看事物由不具靈魂轉變為擁有靈魂，而將靈魂定義為「擁有生命的潛能之身體的實現」。比方說，原先只有身體的有機物質經過演化後，逐漸成為有生命、擁有靈魂的低階生命體，有機物質就是這段運動變化的潛能、靈魂即為運動變化的實現。

三種靈魂

靈魂既然是身體的實現，因應實現的高低層次之別，靈魂也因此可區分為三種，依據層次高低分別是：①**維生的靈魂**：這是所有生物都擁有的最基本的靈魂，僅有獲取維生所需的營養、管制新陳代謝的能力，只擁有維生靈魂的生物即為植物。②**感覺的靈魂**：為除了植物以外的所有生物都具有愛好能力、移動能力、有的還具備觸覺乃至視

覺、聽覺等其他更高的感覺能力。擁有感覺及維生兩種靈魂的，即是動物。③**理性的靈魂**：在前兩種靈魂的基礎之上的思想或推理能力，只為人所具備，因此人的定義是「理性的動物」。

身體死後靈魂即消失

主張靈魂不朽的柏拉圖在對話錄中多次表達出對死後靈魂脫離肉體而解放的靈魂的嚮往，他曾說，哲學家的一生就是為了替死亡做準備。但亞里斯多德並不會贊成這樣的見解。因為靈魂的定義是身體的實現，不可能與身體分離；一旦身體毀壞了，靈魂就隨之消失。這樣的想法也能呼應亞里斯多德正視幸福美滿塵世的立場。

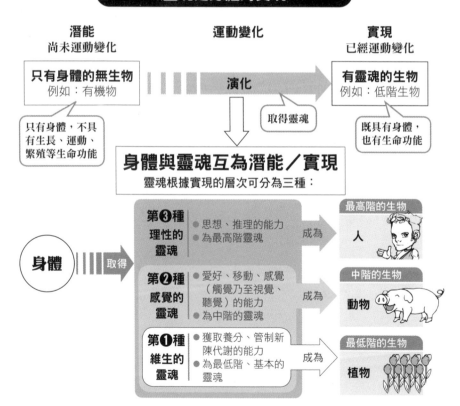

靈魂是身體的實現

潛能	運動變化	實現
尚未運動變化		已經運動變化

只有身體的無生物
例如：有機物

演化 ⇒ 取得靈魂

有靈魂的生物
例如：低階生物

只有身體，不具有生長、運動、繁殖等生命功能

既具有身體，也有生命功能

身體與靈魂互為潛能／實現
靈魂根據實現的層次可分為三種：

身體 →取得→

第❸種 理性的靈魂
● 思想、推理的能力
● 為最高階靈魂
成為 → 最高階的生物 **人**

第❷種 感覺的靈魂
● 愛好、移動、感覺（觸覺乃至視覺、聽覺）的能力
● 為中階的靈魂
成為 → 中階的生物 **動物**

第❶種 維生的靈魂
● 獲取養分、管制新陳代謝的能力
● 為最低階、基本的靈魂
成為 → 最低階的生物 **植物**

Chapter 8

亞里斯多德③：
幸福卓越的人生

在由下而上、位階分明的層級宇宙中，一切事物都以上一層的實現為發展目的；介於下層變動不止的萬事萬物與上層永恆不變動的神之間、處於樞紐地位的人，可以憑藉自身的理性了解天界的真理。因此，以層級宇宙解釋整個世界的構成、相互關係之後，接著便要進一步說明在如此架構之下，具有特殊地位的人該如何安頓？人的生命目的為何，又該如何實踐……等種種人事倫理的原則與做法，也就是「實踐的知識」。

- 「美德」的意涵為何？何謂「幸福」？

- 如何才能成就美德？

- 「人是政治的動物」是什麼意思？

- 政治的目的是什麼？

- 何謂「經濟」？家庭成員間的關係與財富要如何經營？

- 什麼是人最高的幸福？

- 亞里斯多德認為「悲劇」的作用為何？

- 亞里斯多德的哲學貢獻是什麼？

什麼是幸福？

在「實踐的知識」的類別中，亞里斯多德主張一種幸福論：人應該實現靈魂的美德，美德即是過度與不及之間均衡和諧的中庸之道。人們需要透過不斷練習，像學習技術一樣學習美德。「實踐的知識」最終的目標是追求人的幸福。

人的幸福＝追求美德

亞里斯多德於《尼可馬倫理學》中指出，人所要過的乃是「幸福」的生活。然而，如何才是真正的「幸福」呢？

在古希臘，人的「幸福」意指一個人的各方面潛能都獲得充分實現時，身心皆感到愉快的狀態。當事物在運動變化中愈接近實現，也就是愈接近完成目的、其靈魂中所具有的美德也因而得以充分展現。對人而言，美德正是人之所以為人的目的，只有當人靈魂中的維生、感覺和理性三種機能的潛能得以在理性的引領之下均衡、充分發展時，美德才能被完滿實現，人也因而愈接近美德的目的而得到真正的幸福。換言之，一個人不但身體的維生機能要健康，感覺機能也要敏銳，理性的機能更要充分地發展、具備深刻的思考能力，如此才能得到幸福。

中庸之德

那麼，人的靈魂所具有的美德是什麼呢？亞里斯多德列舉了倫理上的美德，包括勇敢、慷慨、殷勤、誠實等等。無論是哪種美德，都具有一個普遍的特徵，亦即「適中」，也就是憑藉人的理性智慧、在審度時勢後表現出恰如其分的行為，才是「美德」。舉例而言，戰場上的勇士若意氣表現得太過，就會趨向「躁進」的極端，但若表現不足，則會變成另一個極端的「懦弱」，唯有根據理性計算、拿捏比例，在兩個偏頗的極端之間權衡最適度、恰當的比例，才會恰如其分地成為「勇敢」。又例如「機智」的美德是憑藉理性在滑頭和粗魯兩端之間權衡，決定出適度的比例。由此可以看出，亞里斯多德所謂的美德，並非行為本身即是有德的普

「美德（arete）」如何成為人的目的？

希臘人的「美德（arete）」是指各種事物能夠完成自身目的的能力，接近「好」、「卓越」的意思。例如：一輛好的車子要完成它做為交通工具的目的，就要能夠安全地載客、節省交通時間、經濟且不造成污染，所以車子的「美德」就是「安全、跑得快、省油」。而一個好的人應該充分發展理智、身體健全、做事有原則……等等，因此人的「美德」就是「智慧」、「健康」、「節制」等等，人應該以實現自身的美德為生命的目的。

遍通則、而是因時制宜，經由理性節制後表現出均衡適中、恰如其分

的中庸之道，人便是藉著實踐中庸美德來顯現出理性秩序的存在。

人的幸福就是追求靈魂的美德

萬事萬物

美德＝潛能獲得實現

層級宇宙中，位於下層的事物（潛能）皆以朝向上層事物（實現）發展為目的。

潛能 $\longrightarrow$ 實現

> 愈接近實現，表示更進一步接近目的、愈有美德。

實例

潛能 → 實現
　　　潛能 → 實現

以植物為例：

種子 → 樹苗 → 大樹

> 植物的生長是為了由種子實現成為樹苗後再長成大樹，因此樹苗已較種子更進一步接近目的、更有美德。

> 植物的目的是成為健壯茂密、可繁衍後代的大樹，因此愈接近實現成為大樹，就愈能展現出美德。

人

幸福＝維生、感覺、理性三種靈魂的機能充分地實現

維生靈魂的機能	實現	身體健康、五臟六腑功能健全
感覺靈魂的機能	實現	感官功能良好、耳聰目明
理性靈魂的機能	實現	智慧、美、善

人的美德

> 人的各方面靈魂機能充分發展，以達到最卓越的狀態，即是美德的展現。擁有美德時身心感到愉快的狀態就是幸福。

如何判斷美德

美德

受到理性控制所表現的均衡、適度、合宜的行為。
例如：勇敢、慷慨、殷勤、誠實

中庸

經人的理性節制，計算出恰當的比例，適當的時候恰如其分地表現。

例如

以「勇敢」的美德為例：
上戰場時，該如何表現才符合真正的勇敢？

做法① 理性地依據局勢判斷，慎思後選擇追擊敵人或後退以保留實力。 ⇨ 勇敢

做法② 沒有根據理性來判斷，輕率地暴虎馮河。 ⇨ 魯莽

做法③ 沒有根據理性來判斷，出於恐懼而臨陣脫逃。 ⇨ 懦弱

成就美德的做法

實現美德是追求幸福的不二法門。雖然美德的潛能蘊藏在人身上，卻必須藉由人自身的努力，如同學習技藝般練習再練習，才能將潛能實現為美德，成就幸福。

實現美德必須依靠練習

每個人都具備著成就美德的潛能、都有可能實現美德，但這並不表示實際上都能成就美德。人如果放任各種感官欲求不加節制，將導致偏差的惡果，例如養成奢侈、淫靡、懶惰等惡習。然而，不像只能順應習性的自然萬物，例如火只能往上燒、水只能往下流，無法自行改變；身為萬物之靈的人可以藉由實踐來練習美德、逐漸養成習慣，進而改過遷善。

要恰當地表現出美德，需要依據實際情況來判斷如何才是適中、合宜的行為，在不同的情況之間並無普遍適用的規則可循。因此，想要培養美德，也需要不斷累積經驗、不斷練習，正如同各種技藝都需要反覆地練習才能精進，美德的培養也必須在不同情況下磨練，才能不偏不倚地實踐出中庸之道。即使剛開始還不能得心應手做出適當的判斷，只要將錯誤當做前車之鑑，並且接納城邦中前輩、賢人的意見，據以修正自己，經過反覆地練習，就能造就美德。

實踐美德的三個建議

關於如何實踐美德，亞里斯多德提出三個大方向上的建議：①要實現符合中庸、均衡比例的美德，必須盡量避免太過與不及的兩種極端行為：太過與不及的極端都是有害的偏頗行為，然而如果經驗不足或練習不夠，尚不能通權達變、視情況拿捏出最適當的比例，也要挑選兩種極端中比較無害的一種。例如，在錢財的支出上，如果不知道怎麼恰如其分地表現「慷慨」的美德，與其偏向支出過度、縱容欲望毫無節制的「奢侈浪費」一端，不如傾向支出不足、欲望過分節制的「小氣節省」一端；經反覆練習後，必能做出中庸的決定。②時時留意自己的極端傾向，並將其往另一個方向導正：每個人都有不同的習性，應該察覺自己的習性究竟傾向於過度或不及的極端，例如：為人處事應以積極進取為中道，但有人生性消極被動、優柔寡斷，有人則是生性衝動、暴躁；消極的人應該時時自我鞭策，適時採取行動，衝動的人則要多提醒自己冷靜下來思考，深思熟慮後再做決定。③避免因感官上的愉悅而做出錯誤判斷：人擁有能接收感官刺激的感覺靈魂，無須禁絕感官欲望，但亞里斯多德提醒人們不應耽溺於感官的

享受而忽略了理性的適度節制，例如為了貪睡而賴床以致於造成工作上的耽誤、貪吃美食而造成身體健康受損等等。因此在感官享樂的當下，更應該保持清醒的理智，才能避免做出衝動的錯誤決定。

培養美德的三種方法

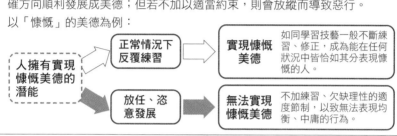

美德必須在不斷練習中養成

人具備著能成就美德的潛能，只要勤於練習、累積實踐的經驗，便能朝著正確方向順利發展成美德；但若不加以適當約束，則會放縱而導致惡行。

以「慷慨」的美德為例：

人擁有實現慷慨美德的潛能 → 正常情況下反覆練習 → 實現慷慨美德：如同學習技藝一般不斷練習、修正，成為能在任何狀況中皆恰如其分表現慷慨的人。

→ 放任、恣意發展 → 無法實現慷慨美德：不加練習、欠缺理性的適度節制，以致無法表現均衡、中庸的行為。

實踐美德的三種建議

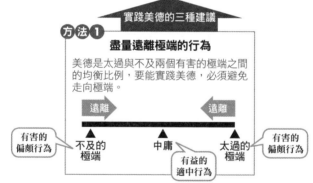

方法❶

盡量遠離極端的行為

美德是太過與不及兩個有害的極端之間的均衡比例，要能實踐美德，必須避免走向極端。

遠離 ← → 遠離

有害的偏頗行為｜不及的極端｜中庸｜太過的極端｜有害的偏頗行為

有益的適中行為

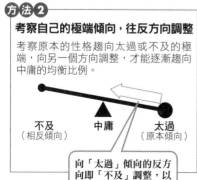

方法❷

考察自己的極端傾向，往反方向調整

考察原本的性格趨向太過或不及的極端，向另一個方向調整，才能逐漸趨向中庸的均衡比例。

不及（相反傾向）｜中庸｜太過（原本傾向）

向「太過」傾向的反方向即「不及」調整，以接近均衡、適中。

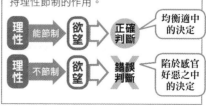

方法❸

避免因感官的愉悅而判斷錯誤

雖然不必拒絕感官的愉悅，但是為了避免耽溺於感官的欲望而失去分寸，需維持理性節制的作用。

理性 能節制 欲望 → 正確判斷 → 均衡適中的決定

理性 不節制 欲望 → ✗ 錯誤判斷 → 陷於感官好惡之中的決定

追求幸福的方式①：政治

亞里斯多德認為人必須生活在群體之中與他人互動往來，才能夠獲得教養而培育出美德、追求幸福；如果離群索居，將無從訓練、陶養出美德、更沒有幸福可言。相對於柏拉圖認為最好的城邦政治是由哲王統治，亞里斯多德在《政治學》中則認為理想的城邦政治應該依照不同情況而調整。

人是政治的動物

亞里斯多德的名言「人是政治的動物」，是指人如果離群索居，將無法成就美德與獲得幸福。因為人生的幸福正在於能夠成就各種美德，然而，與人事、倫理有關的中庸美德必須在人群之中、接受文化的薰陶後才能實踐。例如，「慷慨」的美德只能在人對人的關係中展現，而不能是其他自然界的事物，一個人只能對另一個人表現慷慨，而不能對草木、石頭表現；又如「節制」是指在文明的環境中對奢華享受的適度控制，若未在人群中熟悉社會的既有價值，就無從培養出「節制」的美德。因此，一個人如果脫離群體到自然中生活，將失去所有成就美德的機會。況且，亞里斯多德還認為實現美德有賴於不斷地練習和改進，如果沒有群體中的賢人、前輩指教，單獨一人也無從養成美德。所以群體生活對於實現美德不僅是必須的，也是追求幸福的唯一場所。維持群體生活運作的方式就是政治，亞里斯多德藉由討論政治這個課題，來研究人應該如何在群體中實現美德與追求幸福。

政治的真正目的

亞里斯多德認為，由群體形成的組織——國家——成立的目的並非只是為了避免人與人之間的互相傷害、以及促進商業交易而已；除了提供安定富足的基本生活條件之外，國家之所以成為一個國家、無法被其他組織取代的真正目的在於國家能幫助人民培養美德、過幸福的生活。因此，為了達成目的，就如同柏拉圖《理想國篇》所指出的，國家應該訂立一套完善的教育制度，使人民從小到大的每個階段都能學習、培養美德。另一方面，也應以法律制度做為正確的行為準則，積極地介入與管理人民，將其導向美德的生活。

理想政治需符合中庸之道

不同於以哲王統治為理想政治制度的柏拉圖，亞里斯多德認為，只要根據中庸之道、視情況調整，每一種政體都可以是理想的。例如，採行一人統治君王政體的國家，如果君王擁有實踐的智慧，既不過於放縱、也不過於苛刻，就可以把國家治理得好；若採行多人統

治的民主政體，則不應讓政權把持在少數人之手、也不應過於開放而讓非專業的人來主導政治等等。政治運作就如同實踐美德，會遭遇各種不同情況而需要因應時勢調整，並沒有絕對優於其他的政體。雖然如此，亞里斯多德所認為的理想政治仍可以歸納出一些特徵來：在城邦規模上應該以數千人左右的小型城邦為主，每一公民均擁有政治上的自由，能發揚自身的美德（但是農工、婦女和奴隸都非公民）。

《政治學》的內容

美德必須在人群中養成、實踐 **美德需要有德前輩的指導**

人是政治的動物

群體是使人成就美德的唯一場所。人必須生活在人群中，才能成就各種美德、進而獲得幸福。

自然形成

群體組織 ── 國家

國家具有倫理目的

基本功能	最高目的
維持秩序、促進商業貿易、提供安定富足的基本生活條件。	幫助人民培養美德、獲得幸福。

做法

國家應介入人民生活

教育制度	法律制度
國家應訂定教育制度以引導人民朝向美德。	以法律做為正確的行為準則，人民皆應奉行。

因應需求、在適當的時候採行合適的政治制度

君主政體 一人統治	符合中庸	君王既不過於放縱，也不過於苛刻。	**均為好政體** 各有特質、適當應用的時機，本身沒有優劣之分。
貴族政體 少數人統治		貴族既不過於崇尚武勇，也不過於懦弱。	
民主政體 多數人統治		政權既不把持於少數人之手，也不過於開放以致讓非專業者主導。	

追求幸福的方式②：經濟

人最初成長的家庭是組成國家的基本單位，具有繁衍後代、維持生計以及最重要的教養兒女的功能，家庭的經營可謂實現幸福的第一步。因此，亞里斯多德在《經濟學》中研究的正是經營家庭的學問。

家庭的經營 ：家庭成員的部分

「經濟學」一詞在古希臘文的原意是「持家之學」，內容包含了家庭中的成員以及財產的部分，分別談論家庭成員間的倫理關係應該如何，以及財產的獲得與經營。

關於家庭成員的部分，就像自然界的動物生生不息，家庭的功能之一便是繁衍後代，因此家庭必須由一家之主的男性與一位女性共同組成。然而，家庭除了繁衍之外，更具有培養美德、追求幸福生活的目的。由於家庭是人出生之後所處的最初、也是最親近的群體，因此擔負著培養兒女美德的第一要務。對於家庭成員的角色與彼此之間的關係，亞里斯多德提出了一些建議，實際的做法則應依據實踐的智慧，視情況隨機應變地調整。在夫妻關係方面，做為一家之主的丈夫，應該與妻子分工合作照料家庭，由於男性天生比較強壯且能抵禦外侮，應擔任出外獲取財富的工作，女性則擔任輔助的角色，在家裡操持財產；亞里斯多德也提到丈夫應善待妻子。在親子關係上，父母在孩子年幼時期付出心血照顧，等父母年老時，孩子也應該回報照顧父母，如此一來彼此都能獲得安養。孩子在幼時應接受父親的教誨以練習美德。

家庭的經營 ：財產的部分

家庭賴以維生的財產，亞里斯多德依據來源不同將其分為三類：第一類是指取自自然萬物的財產，如農業、採礦等。此類是最符合萬物天然生成、繁衍的最佳營生方式。第二類是指經由中介，即以物易物的交換方式所取得的財產，這是不好也不壞的財產。第三類則是透過金錢交易買賣而賺得的財產，這是最不符合自然萬物運作的最差營生方式，特別是透過借貸來賺取利息。因為自然界的萬物皆能自然繁衍、生生不息，只能用於交換的金錢則不會自然產出任何東西，只是讓多數人的金錢流入某些特定人的手裡而已，並沒有任何實際的生產結果。

此外，亞里斯多德在《經濟學》中還指出，在取自自然的營生方式上，農業最具優先地位，原因有四：①農業的收成與付出的努力成正比，不會從人身上取走分文、更不會詐欺，所以是符合正義的營生方式。②大地是人類之母，農業從大地之母

取得收成，是最自然的。③農作的勞動可讓人生活在大地，鍛鍊人的勇氣，有益於身心。④農業生活僅需壯丁在城邦外耕種，而其他財物都可以保留在城裡，不像商業貿易需要將財產四處運送，因此農業生活有益於守護城邦的財產，不利於敵人的侵略奪取。

經濟學：經營家庭的學問

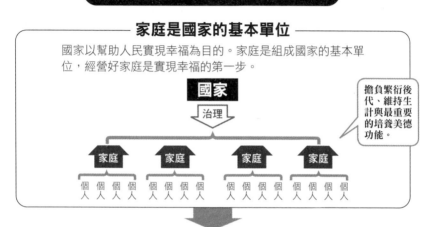

家庭是國家的基本單位

國家以幫助人民實現幸福為目的。家庭是組成國家的基本單位，經營好家庭是實現幸福的第一步。

國家

治理

家庭　家庭　家庭　家庭

個人個人個人個人　個人個人個人個人　個人個人個人個人　個人個人個人個人

> 擔負繁衍後代、維持生計與最重要的培養美德功能。

經濟學＝研究家庭經營的學問

內容① 家庭成員關係

夫妻關係
● 夫妻應分工合作，丈夫為一家之主，負責出外獲取財富、妻子則負責管理家產、輔佐丈夫。
● 丈夫應善待妻子以維持家庭美滿。

親子關係
● 孩子年幼時，父母應撫養教育孩子；孩子成年後應回報奉養父母。
● 孩子應接受父親指導，學習美德。

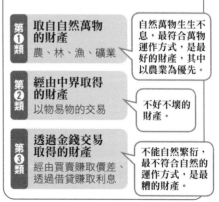

協助

管理

夫
一家之主，外出獲取財產

妻
丈夫的助手，負責操持家務

幼時養育　成年奉養

子
在家中接受初步的美德訓練

內容② 營生財產

第①類 取自自然萬物的財產
農、林、漁、礦業

> 自然萬物生生不息，最符合萬物運作方式，是最好的財產，其中以農業為優先。

第②類 經由中界取得的財產
以物易物的交易

> 不好不壞的財產。

第③類 透過金錢交易取得的財產
經由買賣賺取價差、透過借貸賺取利息

> 不能自然繁衍，最不符合自然的運作方式，是最糟的財產。

最高的幸福：沉思

人的幸福就是美德的實現，而人所具有的理性靈魂是三種靈魂中最高貴的、也最能彰顯人的卓越之處。人如果能完滿地實現理性靈魂的美德，就能獲得最高的幸福；因此，透過理性來進行哲學沉思，是人所能達到的最完滿、最接近真理與神的活動。

沉思＝理性靈魂的最高美德

有別於其他生物，人在維生與感覺的靈魂之外還具備理性的靈魂，這正是人之所以成為人的獨特之處。人如果要充分地實現自身的卓越美德，就要在維生、感覺活動之外，充分地發展理性的活動，否則就與其他動植物無異、過的只是有如動植物般的生活了。

對亞里斯多德而言，理性的活動就是進行哲學思考，而哲學思考的對象可以區分為「第二哲學」的層級宇宙中自然萬物、以及「第一哲學」的神。相對於以萬物最高的不變原理——神——為思考對象來說，對於第二哲學中含有質料、會不時變動的自然萬物所進行的思考是不完滿的；唯有以神為思考內容的沉思、關照才能夠了解萬物生成與變動的最初來源與最終目的，對真理的掌握不再有所缺憾。對神的沉思是最完滿、不變動的，所以是永恆的。人的思想活動如果可以達到這種不變動的永恆狀態，專注於以神為對象的沉思，就彷彿分享了永恆的神性，同時也擺脫一切由外物所引起的感官上的誘惑、以及內心的各種紛擾不安。因此，對神的沉思是人的靈魂的最高美德、也是最幸福的活動。

沉思是自足完滿的

在人的日常生活中各種實踐行動中，哲學沉思是一種以本身為目的、不帶其他外在條件的獨特活動。一般而言，人的各種行動都是有條件、目的的，再選擇某種手段、方式去實現目的，如果無法達到目的，人們便不會做出該項行動。也就是說，手段和目的是分離的。例如吃飯是為了填飽肚子、享受美食，工作是為了養家活口、取得成就，如果無法達到行動的目的，人就不會去做，或就會說這個行動是毫無意義的。而這類手段與目的分開的活動，總是可能遭遇外在的阻礙而無法達成目的，例如食物不夠而不能吃飽、工作不順而不能取得成就等等，因而產生許多缺憾與負面情緒。

相對地，哲學沉思單純以沉思真理為目的，人們不需帶有其他實踐上的目的，只要本著愛智之心單純地愛好真理而沉思，便能樂在其中、圓滿地達成目的，不會產生受

其他外在條件左右而不能達成目的的缺憾和負面情緒。因此，哲學沉思能帶來純淨、永恆、不受其他事物阻斷的愉悅。

沉思是人最高的幸福

理性的靈魂
人異於動、植物所獨有，能從事推理、思辨的靈魂。

↓ 從事

哲學思考

思考對象 ↙　↘ 思考對象

第一哲學的沉思
思索層級宇宙中一切事物的普遍、最高原因，也就是永恆不變的最高存有「神」。

第二哲學的思考
思索層級宇宙中具有質料、恆處於變動中的自然萬物的原因。

↓　　　　　　　↓

完全掌握真理
追索存有的終極原因，完滿無缺地掌握萬物整體的真理。

尚無法完全掌握真理
思辨的層次較低，仍不能掌握統攝萬物的最高原理。

相對於第一哲學的沉思，仍不夠完滿。

↓ 達到

分享神性
與神、真理合而為一，達到永恆不變動的狀態。

不受外物干擾
排除一切感官的刺激與肉體欲望的煩擾。

↓

靈魂接近神和諧有序的境界 ＝ **最高的幸福**

彰顯理性靈魂的最高美德

藝術作品的功能

古希臘時期的藝術主要是指詩歌、戲劇與雕塑等，關於藝術的知識屬於亞里斯多德的第三個學科分類，亦即以創造與生產事物為目的的「生產的知識」。亞里斯多德在藝術方面主要的著作是《創作學》，內容談論悲劇的創作技巧、構成要素以及功能的分析。

藝術創作是模仿

亞里斯多德與古希臘傳統及柏拉圖一致，也認為藝術作品是對於人事物的模仿，而詩歌與戲劇尤其是對特定人物的行為事蹟的模仿，悲劇是模仿那些嚴肅、高貴人物的事蹟，而喜劇則是模仿那些拙劣、滑稽的人物。例如悲劇《伊底帕斯王》是描寫伊底帕斯王弒父娶母的不可違抗的命運，喜劇《雲》則是嘲弄蘇格拉底在雅典市集中各種讓人覺得怪誕的行為舉動。柏拉圖蔑視藝術，因為塵世中的人事物是對於完美的「相」的模仿，本身已是不完美，藝術又是對人事物的模仿，等於是對不完美模仿品的再模仿。但是廣泛地研究萬物的亞里斯多德則不輕視藝術，藝術作品模仿的對象可以是偉大的，例如悲劇可以模仿英雄的事蹟，藉此引發觀眾的共鳴。因此，亞里斯多德更強調藝術作品有其正面、能教養靈魂的功能。

能洗滌情緒的悲劇

悲劇是古希臘藝術作品的高峰，甚至可以代表整個古希臘文明的精神，因此在古希臘藝術中具有特殊地位。亞里斯多德認為，模仿重要且嚴肅人物作為的希臘悲劇通常包含了六大要素：故事情節、人物角色、人物的思想觀點、韻文或散文的語言形式、以音樂伴奏歌詠、以及舞台道具表演場景。悲劇情節應該環繞著一位英雄人物，他的靈魂高貴，但終究是不完美的，因此他將宿命地犯下無可挽回的錯誤，而使悲劇情節轉入逆境，引發觀眾恐懼與憐憫的情緒。當觀眾從現實進入戲劇情節場景、化身為當中的人物時，彷彿親自體驗了劇中人的各種思想情感與人生情境，因主角轉入逆境而引發憐憫、也因害怕自身遭受和主角相似的厄運而心生恐懼，情緒隨劇情起伏跌宕，直至戲劇終了，觀眾的情緒又回到現實之後才平復。透過這一連串的過程，觀眾平日隱藏於自身的情感一方面被戲劇引發而投射在情節中，一方面仍保持適度的理性，使被激發的內在情緒經理性節制下，隨劇情疏解、發散、昇華，而不至積鬱不得抒解。因此，悲劇可說具有洗滌人們情緒的效果。

悲劇有洗滌情緒的效果

以希臘著名悲劇《伊底帕斯王》為例：

底比斯王為避免神諭應驗而拋棄幼子

底比斯王與王后得到德爾菲神諭警告：剛出世的王子命中註定弒父娶母。為阻止神諭應驗便將嬰兒棄於荒郊，又以鐵釘刺穿其腳踝，使他不能爬行。

取名為伊底帕斯吧！

棄兒被柯林斯王收養

棄兒輾轉為無子嗣的科林斯王所收養，命名「伊底帕斯」，即「腳腫」之意。伊底帕斯智勇雙全、為人正直，但個性衝動。

伊底帕斯成長後聽聞神諭而離開柯林斯

伊底帕斯聽到科林斯王不是生父的傳聞，至德爾菲請示神諭探求真相，神諭僅告知「你將弒父娶母」。尚不知真相的伊底帕斯為了逃避命運而遠行。

伊底帕斯查出真相後挖出雙目，放棄王位死於異鄉

伊底帕斯追查兇手後真相終於大白，王后因羞愧而上吊自殺；伊底帕斯則挖出雙目、放棄王位四處流浪，最後死於異鄉雅典。

棄兒被柯林斯王收養

棄兒輾轉為無子嗣的科林斯王所收養，命名「伊底帕斯」，即「腳腫」之意。伊底帕斯智勇雙全、為人正直，但個性衝動。

伊底帕斯繼承王位、與生母結婚，底比斯遭瘟疫襲擊

伊底帕斯來到底比斯城外解出謎語歐史芬克斯之謎，繼任底比斯王位並婚配先王遺孀，神諭最終應驗。神懲罰底比斯人縱容殺死先王的兇手逍遙法外，降下大瘟疫。

引發觀眾產生

情緒① 憐憫
見到主角由順境轉入逆境時，對其產生同情。

情緒② 恐懼
害怕自己會遭逢和主角一樣的厄運，因而心生恐懼。

平日淤積的哀憐、恐懼等情緒得以宣洩，
回復到平靜、和諧的狀態。

亞里斯多德對後世的影響

人類至今的學問規模，大抵不脫亞里斯多德在古希臘時期所創設的樣貌。他藉由對萬事萬物範疇的區分、對論理規範的建立，使知識得以被體系化地進行研究，以及他所提出的學說內容，均主導了西方近兩千年之久。

萬物秩序的研究者

　　亞里斯多德毫無疑問地是哲學史上影響最廣泛、最深遠的哲學家。一方面，他繼承了柏拉圖的研究議題與思想深度，繼續拓展人類抽象思考的領域而成為後世哲學研究的基礎。另一方面，亞里斯多德哲學的最大特色表現在他對於塵世間萬物秩序的研究上。亞里斯多德帶著單純為求知而求知的態度廣泛地研究萬事萬物，認為任何事物中都蘊藏有使人驚嘆的奇妙秩序，透過理性便能將萬物統合在一個環環相扣的體系之中，深入了解、探究將帶來純粹的愉悅。由此，亞里斯多德為後世樹立了為真理而去窮究萬物的典範精神。

分析術與諸學科的奠定

　　亞里斯多德獨特的哲學方法可以稱為「分析術」，在研究萬物時先將研究對象分類，再逐步分析出研究對象各方面的特徵與彼此之間的關係，其所設立的分析架構包括十個範疇、潛能與實現、四種原因等等，藉著分析的方式，變動的萬物得以在一個井然有序的架構中各安其位，人們也能藉此掌握其意義。此外，亞里斯多德還整理出論理學的諸多原則與三段推論的各種形式，做為推論萬物彼此聯繫的憑藉。據此，亞里斯多德成就了龐大的知識體系，其中以研究萬物共同普遍原理的第一哲學為基礎，隨之有研究自然物原理的第二哲學、數學等等，以及其下諸如天文學、動物學、植物學、礦物學等分科，更旁及實踐的學科例如倫理學、政治學、經濟學與創作的學科等等。亞里斯多德對學科的劃分以及對各個學科賦予的地位，便是後世一切知識的基本藍圖，當今人們所熟悉的各種自然科學、社會科學等學科，皆是在其劃定的基礎上逐步發展而成，研究方式也受分析術與論理學的影響。亞里斯多德的成就主宰了至今兩千多年的西方知識研究傳統。

亞里斯多德在哲學史上的地位

　　做為希臘哲學的集大成者，在亞里斯多德逝世之後，其所開創的議題和討論仍維持重大影響力。哲學在進入以維護、解釋教義為要務的中世紀之後，研究內容轉變成為證明神的存在、研究神的意旨、以及探討萬物與神之間的關係。在

亞里斯多德的學問中，亦有深入研究最高的存有者、以及萬物與最高的存有者之間的聯繫，以及談論諸如善和美德等等內容，於是其學說被基督宗教所援用，為神學的諸多問題提供研究方法和解答的資源，作品也被編纂成教科書供教學和研究。因此，亞里斯多德在中世紀成為偉大的哲學權威，還被尊為「the Philosopher」，即獨一無二的哲學家。直到近代文藝復興和宗教改革以後，哲學思想逐漸脫離宗教的限制而獨立發展，但哲學議題仍籠罩於亞里斯多德的影響之下。至今，亞里斯多德仍是哲學的重要研究資源，維持著屹立不搖的地位。

亞里斯多德所樹立的哲學典範

❶分析術

設立十範疇、潛能／實現、四因等多組架構對所研究事物進行分類。萬物彼此的關係可藉此界定，人們也能理解其意義。

決定適當的分析架構
例如：針對處於變動中的事物（如松樹）應該用潛能／實現來分析。

⬇

對事物進行分類
例如：松子屬於松樹苗的潛能、松樹苗屬於松子的實現。

⬇

事物本身的特徵及事物之間關係得以確立
萬物都被安排進入一個層次井然的秩序中，彼此具有嚴密的聯繫。

影響 ⬇

將事物予以分類、再分別研究的方法為後世所沿用

❷論理學

研究整理古希臘正確的思考、推論、分辨謬誤的規範，以確保思考是合理、有效的。

論理學
嚴謹的推理規則如三律則、三段推論。

⬇ 檢驗

言談、思考或推論

⬇ 得出

有效、正確、合理的結論

⬇ 影響

為日後各種推理、證明的基本規則

❸知識分科

首度有系統地依據知識的目的將研究議題分類，分別為純粹求知的理論知識、研究人事的實踐知識、創作的生產知識三大類。

理論的知識
單純地求知、求真理，包括第一哲學、數學、自然學等。

實踐的知識
探討人類實踐的行為，包括政治學、經濟學、倫理學等。

生產的知識
以創作為目的，包括詩學、修辭學。

影響 ⬇

為現今學問分科的基本藍圖

亞里斯多德堪稱哲學史上影響最廣泛、最深遠的哲學家

1. 《古希臘哲學》，苗力田主編，北京：中國人民大學出版，1989年。

2. 《名哲言行錄》，拉爾修著，馬永翔譯，長春：吉林人民出版社，2003年。

3. 《回憶蘇格拉底》，色諾芬著，吳永泉譯，北京：商務印書館，2001年。

4. 《亞里士多德全集》，苗力田主編，北京：中國人民大學出版，1990-1997年。

5. 《亞理斯多德《創作學》譯疏》，王士儀，台北：聯經文化，2003年。

6. 《亞理斯多德作品選讀——古希臘哲學的集大成》，沈清松導讀‧選讀，台北：誠品書店，1999年。

7. 《柏拉圖巴曼尼得斯篇》，陳康譯注，北京：商務印書館，1982年。

8. 《柏拉圖全集》，王曉朝譯，新北：左岸文化，2003年。

9. 《柏拉圖作品選讀——哲學的永恆之火》，彭文林導讀‧選讀，台北：誠品書店，1999年。

10. 《柏拉圖克拉梯樓斯篇》，彭文林譯注，台北：聯經文化，2002年。

11. 《柏拉圖理想國》，侯健譯，台北：聯經文化，1980年。

12. 《柏拉圖歐伊梯孚容篇》，彭文林譯注，台中：廣陽譯學出版社，1997年。

國家圖書館出版品預行編目資料

圖解蘇格拉底、柏拉圖、亞里斯多德 更新版 / 黃哲翰著. -- 修訂二版. -- 臺
北市：易博士文化, 城邦事業股份有限公司出版：英屬蓋曼群島商家庭傳媒
股份有限公司城邦分公司發行, 2022.12
　　面；　公分
ISBN 978-986-480-255-5(平裝)

1.CST: 蘇格拉底(Socrates, 469-399 B.C.) 2.CST: 柏拉圖(Plato, 427-347 B.C.)
3.CST: 亞里士多德(Aristotle, 381-322B.C.) 4.CST: 古希臘哲學

141.28　　　　　　　　　　　　　　　　　　　　　111018363

圖解蘇格拉底、柏拉圖、亞里斯多德 更新版

作　　　　　者／黃哲翰
企 畫 提 案／蕭麗媛
企 畫 監 製／蕭麗媛
初 版 編 輯／林雲、楊麗燕
修訂二版編輯／謝沂宸

業 務 副 理／羅越華
總 　 編 　 輯／蕭麗媛
視 覺 總 監／陳栩椿
發 　 行 　 人／何飛鵬
出　　　　　版／易博士文化
　　　　　　　城邦文化事業股份有限公司
　　　　　　　台北市中山區民生東路二段141號8樓
　　　　　　　電話：(02) 2500-7008　　傳真：(02) 2502-7676
　　　　　　　Email：ct_easybooks@hmg.com.tw
發　　　　　行／英屬蓋曼群島商家庭傳媒股份有限公司城邦分公司
　　　　　　　台北市中山區民生東路二段141號11樓
　　　　　　　書虫客服服務專線：(02) 2500-7718、2500-7719
　　　　　　　服務時間：週一至週五上午09:30-12:00；下午13:30-17:00
　　　　　　　24小時傳真服務：(02) 2500-1990、2500-1991
　　　　　　　讀者服務信箱：service@readingclub.com.tw
　　　　　　　劃撥帳號：19863813
　　　　　　　戶名：書虫股份有限公司
香 港 發 行 所／城邦（香港）出版集團有限公司
　　　　　　　香港灣仔駱克道193號東超商業中心1樓
　　　　　　　電話：(852) 2508-6231　　傳真：(852) 2578-9337
　　　　　　　Email：hkcite@biznetvigator.com
馬 新 發 行 所／城邦（馬新）出版集團Cite (M) Sdn Bhd
　　　　　　　41, Jalan Radin Anum, Bandar Baru Sri Petaling,
　　　　　　　57000 Kuala Lumpur, Malaysia
　　　　　　　Tel：(603)905763833　Fax：(603)90576622
　　　　　　　Email：services@cite.my

封 面　‧　美 術／陳姿秀
封面、內頁插畫／溫國群
製 版 印 刷／卡樂彩色製版印刷有限公司

■2007年12月27日初版一刷
■2012年07月27日修訂一版（原書名為《圖解希臘三哲》）
■2022年12月06日修訂二版（更名為《圖解蘇格拉底、
　柏拉圖、亞里斯多德》）

Printed in Taiwan
城邦讀書花園
www.cite.com.tw

ISBN／978-986-480-255-5
定價320元　HK$ 107